運と仲良くなれる

「運」のミカタ

17の習慣、教えます

高島亮
正観塾師範代

×

鳴海周平
健幸エッセイスト

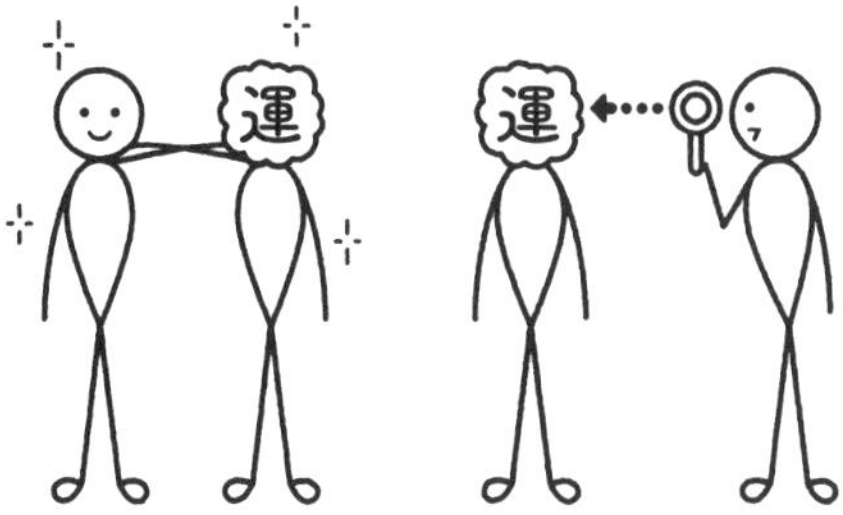

ワニ・プラス

はじめに

この本は、いわゆる開運本ではありません。
「運のミカタ」をお伝えする本です。
お伝えするのは、**「運を良くする」**方法ではありません。
「運と仲良くする」方法です。

運とは、人の身の上に起きるめぐり合わせのことですが、この本では、その「運ばれ方」のことを**「運」**と呼ぶことにします。
生きていると、いろいろな出来事が起きますね。いろいろな状況に置かれます。いろいろな人やモノやコトに関わります。人生とは、そのなかを運ばれていくこと。どんなふうに運ばれるのか、その**「運ばれ方」**が**「運」**です。

「運のミカタ」は、「運の見方」と「運の味方」をかけています。
「運の見方」とは、運をどう見るか、どうとらえるかということ。

運ばれ方自体には、良いも悪いもありません。

運に良し悪しはないということです。

起きる出来事自体には良し悪しはないけれど、見方次第で良くも悪くも感じられます。

運ばれ方をどう見るか、どうとらえるかで、運に対する感じ方は変わるということです。

「運をどう開くか」ではなく、「運をどう見るか」。

肝心なのは、起きる出来事を変えることではなく、自分の見方を変えること。

この本では、ラクに楽しく生きやすくなる運の見方を提案したいと思います。

「運の味方」とは、運ばれ方の味方をすること。

起きる出来事や置かれた状況に対して、文句や不満を言うのではなく、それを認めて、受け入れて進んでいくことです。

誰かに味方になってほしければ、まず自分がその人の味方をすることが大事ですよね。

こちらが相手の味方をすれば、相手もこちらの味方をしてくれやすくなります。逆に、こちらが相手のことを敵と見れば、相手もこちらを敵視するようになるでしょう。自分の発したものが返ってくるということです。

運も同じです。自分が運の味方をすれば、運も自分の味方になってくれます。

肝心なのは、運ばれ方と敵対するのではなく、味方になること。

まず自分が運の味方になると、運にも自分の味方になってもらえるので、ラクに楽しく運ばれるようになります。

この本では、どんなふうに運の味方をするかという提案もしたいと思います。

「運を良くする」のではなく、「運と仲良くする」という提案です。

お伝えするのは、どれもカンタンなことばかり。

わざわざ時間をとる必要もありませんし、特別な場所に行かなければできないということもありませんし、お金もかかりません。

そして、自分だけでできることばかりです。

逆に言うと、やろうと思えばいつでもどこでも誰にでもできるけれど、自分がやらなければ（使わなければ）何も変わらないということでもあります。

専門的な知識や特殊な技能も必要ありません。その代わり、物事を思い通りにする魔法のような方法や望んだものを引き寄せる方法もお伝えしません。

お伝えするのは、日常生活でできること、毎日のなかで使えることばかりです。

聖徳太子の十七条憲法になぞらえて、十七条運法ならぬ17の方法をお伝えします。

全部をやらなければいけないということはありません。どれか1つだけでも実際にやってみると、きっと効果があると思います。

運と仲良くするには、「ゆるむ」ことが大切です。

ゆるむポイントは、「心」と「体」と「言葉」。

この3つは人間を成り立たせている3要素で、互いにつながってもいます。

ゆるむと自分がラクになるので、ラクに楽しく和やかに運ばれやすくなり、運とも仲良くできるようになります。

今回は、鳴海周平さんとのゆるゆるコンビでお届けします。

周平さんは健幸エッセイスト、ヒーラーとしての観点から楽しく、面白く、わかりやすく、ぼくは言葉遊びやダジャレを交えながらゆるく、運と仲良くする方法をお伝えしていきます。

毎日を（ということは人生を）ラクに楽しく和やかに生きるためのヒントやきっかけにしていただければと思います。

最後まで読み終わると、きっとこうなりますよ。


「新しい運のミカタが見つかった！」


それでは、まいります。

次、いってみよー。

2024年3月

高島　亮

目次

第1条

運に良し悪しなし

運と仲良くする生き方のベースとは？

「はじめに」でも言いましたが、運ばれ方自体には良いも悪いもありません。

「運に良し悪しなし」

これが運の見方の基本です。

いろいろな出来事や状況のなかで、いろいろな人やモノやコトに関わりながら運ばれていくこと、その運ばれ方を**「運」**と呼ぶことにしましたが、その運ばれ方自体、つまり、運自体には、良いも悪いもありません。


起きる出来事は、ただそのことが起きたという事実があるだけ。

置かれた状況は、ただそういう状況に置かれているという事実があるだけ。

関わる人やモノやコトは、ただそういう人やモノやコトに関わっているという事実があるだけです。

事実自体には、良いも悪いも、正しいも間違いも、プラスもマイナスもありません。

良いも悪いも、正しいも間違いも、プラスもマイナスも、もともと決まっているわけではありません。

その事実に対して、良いとか悪いとか、正しいとか間違いとか、プラスとかマイナスとかの意味を自分があとから付けているだけです。自分がそういうとらえ方をしていると言ってもいいでしょう。


事実と意味は別。

事実ととらえ方は別。

ピーカンの晴れ。これは良いことでしょうか、悪いことでしょうか。長雨に見舞われた地域の人は、晴れて良かったと感じるでしょう。でも、水不足の地域の人にとっては都合が悪いかもしれません。

事実は、空が晴れているということです。良いも悪いもありません。でも、それは人によって、とらえ方によって、良くも悪くもなります。

ザーザー降りの雨。これはプラスでしょうか、マイナスでしょうか。

水不足の地域の人には恵みの雨でしょう。でも、長雨に見舞われた地域の人は、もう勘弁してくれと思うかもしれません。

事実は、雨が降っているということです。プラスもマイナスもありません。でも、それは人によって、とらえ方によってプラスにもマイナスにもなります。

事実と意味は別。
事実ととらえ方は別。

運ばれ方、つまり、運も同じです。

運自体には良いも悪いもなく、ただそのような運ばれ方をしているだけ。その運ばれ方に対して、あとから自分が良いとか悪いとかいう意味を付けてとらえているわけです。

たとえば、突然リストラされた人がいるとします。この人は運が悪い人でしょうか。

「運が悪いな」と思った人にとっては、運が悪い人ということになります。
「運が悪かった」と思わない人にとっては、運が悪い人にはなりません。

事実は突然リストラされたということであって、それ自体には良いも悪いもありません。その事実を見て、運が悪いなと思った時点で、その思った人のなかで運が悪い人というイメージが生まれたわけです。リストラという事実に、運が悪いという意味を付けてとらえたということです。

でも、もし当の本人が、リストラという事実に対して、運が悪いという意味を付けてとらえなければ、その人（本人）のなかには運が悪い人は生じません。

さらに、もしその人が、リストラという事実に対して運が良かったと思ったとしたら、運が良い人になることさえ可能です。運が良いととらえることができたとしたら、他の人からはどう見えようとも、その人にとっては自分は運が良いということになります。

リストラされたという事実は1つ。その事実に対してのとらえ方によって、運は良くも悪くもなるということですね。

実は、ぼく自身も過去に突然リストラされたことがあります。

リストラを言い渡された直後は、運が悪いと思いました。最悪だとすら思いました。

そのとき、ぼくは運が悪い人だったということになります。


でも、その後、それがきっかけとなって会社を設立することになり、講演会の企画や主催をして、自分自身も講演や執筆をする流れへとつながっていきました。現在は、全国各地に講演やイベントで呼んでいただき、楽しく恵まれた毎日を送らせてもらっています。

さかのぼれば、そのきっかけはあのリストラです。

今のぼくにとっては、これ以上ないほど運が良かったとしか感じられません。

リストラという事実は同じです。でも、あのときのぼくにとっては最悪でも、今のぼくにとっては最高の出来事だったということになります。


事実と意味は別。

事実ととらえ方は別。

事実と意味を一緒に（ごちゃ混ぜに）してしまうと、出来事や状況にとらわれてしまいます。そして、良い出来事や良い状況や良い運という、もともとないものを求めることになってしまいがちです。

いわゆる「運を良く」しようとするわけですが、出来事や状況や運にはもともと良し悪しはないので、なかなか得ることができません。

でも、事実と意味やとらえ方を別ものとして見ることができると、事実に対する自分の見方やとらえ方次第で良し悪しも変わるということがわかります。そして、変えようと思えば変えられるようになります。

これが**「運と仲良くする」**生き方のベースになります。

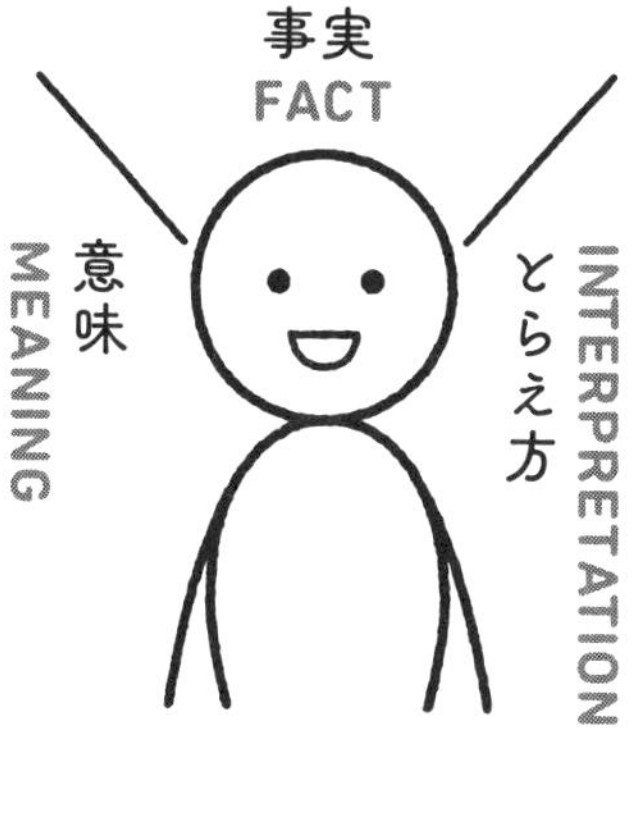

NARUMI

「運ばれ方」の見方で「運ばれ方」を味方にする人生を

「運自体には良いも悪いもなく、ただそのような運ばれ方をしているだけ。その運ばれ方に対して、あとから自分が良いとか悪いとかいう意味を付けてとらえている」

高島亮さんが述べていたこのことば、本当にその通りだなぁと思います。

ある時点においての「運ばれ方」のとらえ方が、あとになって大きく変わった出来事。

ぼくにとっては、２００９年に家業が倒産したことも、その１つです。

当時、実家は建築関係の仕事をしていて、ぼくは役員として在籍していました。

3月末の決算期を迎えようとしていたある日、「もしかしたら、数日後の手形が落ちないかもしれない」という突然の連絡！

創業50年、田舎町ではある程度実績のある会社で、銀行などの信頼関係も良好、というのが家業への認識でしたから、とても信じられずに、しばらく呆然としていました。

信頼が厚かったはずの銀行から融資を断られ、数日後に倒産が確定したときには、新聞やテレビの取材が押し寄せ、強面《こわもて》の人たちを乗せた黒塗りの車が何台も会社にやってきて、債権者の対応にも追われる日々……。突然、職を失うことになった従業員の方々にも、申し訳ない気持ちでいっぱいでした。

小学校を卒業して地元の中学校へ入学する準備をしていた息子、小学校生活にも慣れて友だちと楽しい毎日を送っていた娘、そんな子どもたちを出張が多いぼくのぶんまでしっかり見ていてくれた妻。家族との今後の生活についても考えなくてはなりません。

さて、どうしたものか……。

このときの「出来事」は「実家の家業が数十億円の負債を抱えて倒産した」ということで、その結果、債権者への支払い義務が生じたり、家や車などの動産・不動産が差し押さえられたりといった「人生の運ばれ方」を経験したわけですが、当時、社内ベンチャーだった通販事業部を、創業したぼくがそのまま引き継ぐ形になったこともまた「人生の運ばれ方」ということになります。

そして、その事業の一環として、講演や執筆、旅といった「好きなこと」を仕事にできている「今」があります。子どもたちも新しい環境に向き合うなかで「箱入り」から、ずいぶんと逞しくなったように思います。

家業の倒産という「出来事」から十数年が経って「運ばれ方」のとらえ方が大きく変わったというわけです。

亮さんも、リストラという「出来事」をきっかけにして「今は、これ以上ないほど運が良かったと思える毎日を送っている」と述べていました。

ずいぶんあとになってみないと、その「出来事」が人生のなかでどういったつながりを持っていたのか、わからない場合がほとんどでしょう。

だから**「事実と意味は別もの」**で**「事実ととらえ方も別もの」ということが「運のミカタ」として基本的な考え方になってくる**というわけですね。

では、ここで亮さんの言葉をもう一度。

「運自体には良いも悪いもなく、ただそのような運ばれ方をしているだけ。その運ばれ方に対して、あとから自分が良いとか悪いとかいう意味を付けてとらえている」

運（ばれ方）の見方によって、運（ばれ方）を味方にする人生。

本書のページを読み進めていただくうちに**「新しい運のミカタが見つかった！」**という亮さんの言葉を実感していただけることでしょう。

第2条
「良かった」と言う

理由もなく「良かった」と言えると運と仲良くなれる

TAKASHIMA

「運に良し悪しなし」と言うけれど、運が良いとか悪いとかはやっぱりあるでしょ？

そう思った方もいるかもしれません。

たしかに、次々と思い通りにコトが運んだら運が良いと言いたくなるし、全然思い通りにコトが運ばないときは、運が悪いと言いたくなりますよね。


でも、運ばれ方自体には良し悪しはありません。

ただそのコトが起きたという事実があるだけです。

そもそも人が「運」というものを感じるのは、運ばれ方をあとから見たときです。それまでの一連の出来事や状況をあとからつなげて見て、良かったと判断すれば「運が良かった」と感じ、悪かったと判断すれば「運が悪かった」と感じます。意味はあとから自分が付けるもの。運もあと付け、自分付けなんです。漬けものみたいですね。

でも、昔のことをあとから振り返るんじゃなくて、たった今起きたことを「ラッキー！」「運が良い！」と思うこともあるんじゃない？

たしかにそうですね。

でも、今起きたことも、瞬時にこれまでの一連の流れとつなげて判断しているはずです。たとえば、「電車に間に合ってラッキー！」というのは、さっきまでは間に合うかどうかわからない流れだったからでしょう。その状況とつなげて照らし合わせてみたからこそ、ラッキー（運が良かった）と思ったわけです。

ただ普通に（予定通りに）電車に乗っただけなら、特に運が良いとも感じないでしょう。ラッキーと思ったのは、それまでの運ばれ方とつなげて見て、運が良かったと（過去形で）思えたからです。

「運が良い」というのは、「運が良かったと思う」ということなんですね。

事実はその時間に電車に乗ったということだけで、それ自体には良いも悪いもありません。良かったと自分が思った時点で、自分にとって良かったことになったわけです。

運が良かったと思うことは、運ばれ方について肯定的に見ることになります。肯定的に見るとは、一連の出来事や状況を受け入れて、安心したり喜んだりするということです。

それは、運の味方になるということでもあります。

味方とは、自分の側に立って、支えたり、応援したり、一緒にいてくれたりする存在。一連の出来事や状況を受け入れて肯定的に見るというのは、運の側に立つこと、つまり運の味方になることです。

実は、味方も敵ももともとはありません。

そういう運ばれ方をしたという事実があるだけで、運ばれ方自体は敵でも味方でもない。それを自分が否定して敵視すれば自分にとって敵となり、肯定して自分が味方になれば自分にとっての味方にもなる。つまり、敵も味方も自分がつくるということです。

自分の見方が味方を生み出す。それは、運を「良かった」と肯定的に見ることであり、運の味方になることにほかなりません。

それは、運と仲良くするということでもあります。

「運を良くする」のではなく、「運と仲良くする」ことをお伝えしているのには、以下の4つの理由があります。

1つ目。そもそも運ばれ方自体には良いも悪いもないから。

2つ目。自分の思い通りにならないこともたくさんあるから。

3つ目。自分の思い通りにしようとする（運を良くする）よりも、運ばれ方の味方になって「良かった」と思う（運と仲良くする）ほうが簡単で、自分もラクになるから。

4つ目。運と仲良くすると、安心と喜びを得られる（感じられる）から。

「良かった」と思うだけでもいいのですが、口に出すとより明確になりますから、毎日のなかで「良かった」と言うようにすると、言ったぶんだけ運と仲良くなれるでしょう。

電車に間に合ったら、「良かった」。

美味しいお店に行けたら、「良かった」。

（特別に美味しいわけでなくても）普通にごはんを食べられたら、「良かった」。

朝、普通に目が覚めたら、「良かった」。

夜、無事に眠りに就くことができたときに、「良かった」。


何かにつけて「良かった」と口にして、「良かった」が口ぐせになるくらい言うといいんじゃないでしょうか。それはそのまま運と仲良くなることにつながります。

良かった理由は何でもいいんです。理由もあと付け、自分付けですから。

これまでの流れとつなげて、良かったと思える理由を見つけることをやっていくと、見つけるのが上手になっていきます。そうすると、ますます「良かった」が増えていきます。

理由が見つからない場合は、それでもいいんです。「理由はわからないけど良かった」でいい。今はわからないけど、あとからわかる（見つかる）かもしれませんからね。

もしあとになっても理由が見つからなかったとしても、その頃にはもう忘れているでしょうから問題ありません。だから、「理由はわからないけど」でも大丈夫ですよ。


理由なく言えると、いつでも「良かった」と言えるようになります。

いつでも言えると、いつでも安心や喜びを感じられるようになります。

いつも安心や喜びを感じられる。それって、良くないですか。多くの人が安心や喜びを得たいと思っているんじゃないでしょうか。

たとえその運ばれ方が思い通りじゃなくても、想定外であっても、特にミラクルというわけじゃなくても、あたりまえに見えるものであっても、「良かった」と言えたらいいんです。

もちろん、無理に言う必要はありません。

でも、1つ「良かった」と言えば、1つ安心や喜びを得ることができ、「良かった」と言えば言うほど運と仲良くなることができますよ。

運と仲良くするポイント、わかりましたか？

「うん」

理解していただけて、あー、良かった。

NARUMI

「良かった・ありがとう呼吸法」で明るい脳に

今から20年ほど前に、脳波研究の第一人者である志賀一雅先生から「**良かった・ありがとう呼吸法**」を教えてもらったことがあります。

夜、ベッドに入ったら、

息を吸いながら「良かった」
息を吐きながら「ありがとう」

この2つのことばを思い浮かべて、それを繰り返すだけ、というとても簡単なものですが、この呼吸法を続けていると、どうやら「**明るい脳**」になるらしいのです。

そして「明るい脳」になると、次のような効果を実感できるとのことでした。

・世の中が明るく感じられるようになる
・心配事があまり気にならない
・よく眠れる
・疲れない
・なんでも美味しく食べられる
・希望が湧いてくる
・発想が豊かになる
・腰痛など慢性疾患の不調がなくなる

ありがとう
THANK YOU.
良かった
GOOD.

まさに「運が良い」と思えることのオンパレード！

こうしたことが起こるメカニズムについて、志賀先生は『神さまの周波数とシンクロする方法』（ビオ・マガジン）のなかで「パブロフの犬」の条件反射の事例とともに次のように述べています。

「つまり、ある刺激を与えると、ドーパミンが反射的にどんどん湧いてくるように、脳に学習させればいい。その刺激というのが、ここでは呼吸です。（中略）『よかった』『ありがとう』と思うことで、脳内のドーパミン作動系の神経回路が活性化するのです。これが息を吸う・吐くという行動と結びついていく」

元気で活動的なときや、気分が明るいとき、脳内ではドーパミンというホルモンが活発に出ています。

そのとき脳のA10神経では**「良かった」**という**「喜び」**を感じ、その喜びを近くにあるA９神経が表現するという構造になっているそうです。

言葉で表すと**「ありがとう」**ですね。

この**「良かった」「ありがとう」**ということばと**「呼吸」**をセットにして**「寝る前」という「潜在意識に働きかけやすいタイミング」に習慣化してしまう。**

すると、あら不思議！

日常生活で大きく呼吸をするたび、やがて条件反射が形成され、どんな状況でも息を吸うだけで「良かった！」という喜びの気持ちになり、嫌な気持ちが消えてしまいます。

息を吐けば「ありがとう！」という感謝の気持ちになってしまいます。

条件反射として、喜びや幸せのホルモンであるドーパミンが自然に出てしまう「明るい脳」になるというわけです。

先ほど箇条書きしたさまざまな効果が出るのも当然といえますね。

ちなみに、脳の構造は「喜びを感じる回路（A10神経）→喜びを表現する回路（A9神経）」という流れになっているので、**「息を吸って～良かった」→「息を吐いて～ありがとう」という順番**がいいようです。

「良かったが口ぐせになることは、そのまま運と仲良くなることにつながります」という、亮さんのアドバイスがすぐに実践できる「良かった・ありがとう呼吸法」。

おすすめです！

第3条 足るを知る

満足の方程式

「良かった」というのは、満足しているということでもあります。
満足には方程式があります。

満足（度）＝結果／要求

求めているものに対してどのくらいの結果が得られるかで、満足度は決まります。
求めているものに対して結果が小さければ、満足度は小さくなります。逆に、求めているものに対して結果が大きくなれば、満足度は大きくなります。

多くの場合、結果を大きくすることで満足度を大きくしようとします。方程式で言うと、分子を大きくしようとするのです。

たくさんのものを得る、たくさんのお金を得る、大きな成果を上げる。夢や目標を大きく持って、努力を重ねて、達成する。それが奨励され、結果を大きくするために多くの人はがんばります。そして、さらに大きな結果を求めてがんばります。

「もっともっと」という生き方です。

もちろん、もっともっとが悪いというわけではありません。さらに多くのものを得たり新たなものを生み出したりする原動力になるし、意欲的に生きることにもなりますからね。

でも、もっともっとには際限がないという側面もあります。

仮に求めていた結果が得られたとしても、そこで満足するのは一瞬のことで、場合によっては満足を味わうこともなく、次を求めてまたがんばる。そして、それが得られたら、また次、それが得られたら、もっともっと……というようにキリがありません。

求めていたものが得られたとしても、「良かった」と感じることが続かないのですから、運が良いというふうにもなかなか感じられないことでしょう。

結果が得られても充分に満足することができないわけですが、結果が得られないときは満足どころではありません。不満や文句や否定的な感情につながってしまうでしょう。

欲しいものが手に入らない、夢が叶わない、求めていたようにならない。

期待したほどじゃない、思い通りにうまくいかない……。なんでうまくいかないんだ。

なんでこんなことにならなきゃいけないんだ、なんて運が悪いんだ……。

もっともっとの生き方は、満足を感じにくく、思うようにいかないときや期待に届かないときには不満や文句や否定的な感情に苛まれることにもなりやすいと言えそうです。


満足度を上げるには、もう１つの方向があります。

それは、求めるものを小さくすること。方程式で言うと、分母を小さくすることです。

要求を大きくしてそれに見合う結果を求めるのではなく、要求を大きくせず、あまり要求をせずに結果を受け取るという生き方です。

「足るを知る」生き方と言ってもいいでしょう。

足るを知るというのは、ある程度のところで我慢するということではありません。

これで充分だと思うことです。

充分だと思うためにはたくさん手に入れなければいけないじゃないかとか、要求を大きくしないというのはやっぱり我慢することじゃないかと思うかもしれませんが、必要なのは結果を大きくすることでも我慢することでもありません。


充分だと思えるために必要なのは、充分に味わうこと。

足りないのは、手に入れたものではなく、自分の味わい方。

足るを知るには充分に味わえばいいということです。


食べるときを考えるとわかりやすいでしょう。よく味わうことなく食べると、もっともっとと欲しくなりやすいけれど、一口一口しっかりと味わって食べるとおなかも心も満たされます。

食べているのにもっともっと食べたいと際限なくなるときは、味わい方が足りないだけかもしれません。

ガツガツ食べると（そういうときもあってもいいですけどね）、味わい方が足りなくなります。

もっともっと、次へ次へと求めます。貪《むさぼ》り食うという表現がありますが、まさに貪るということになるのかもしれませんね。

貪りの心に満足はありません。不足の心が貪りを生み、貪りが不足を続けさせます。ゆっくりとよく味わいながら食べると、もっともっとと食べなくても満足できます。これは食事だけではありません。どんな物事も同じです。

ガツガツ貪るのは量の世界。しっかり味わうのは質の世界。
もっともっとは量の世界。足るを知るは質の世界。

良かったと感じたり満ち足りたりするのは質の世界ですから、足りない足りないと量をむやみに追いかけるよりも、感じて味わって質を深めるほうが、満足度は高まります。

足るを知るとは、幸せを知るということ。
足るを知らないとは、幸せを知らないということ。

必ず幸せにならなければいけないわけではありませんが、多くの人は幸せを望むものです。運を良くしたいと思う人が多いのも、たぶん、運が良くなれば幸せになれると思うからでしょう。運が良くなった結果不幸になるとしたら、それを望む人はいないはずです。

足るを知るには、味わう感性を高めて、1つ1つのことをしっかりと味わうようにすることです。それを続けて、身に付けていくと、毎日の質が高まり、人生の質が深まり、幸せを感じながら満ち足りた人生を楽しむことができるようになりますよ。

足るを知ると、そこで満足して止まってしまうんじゃないか。そう思う方もいるかもしれませんね。でも、その心配はご無用です。

足るを知ると、何もしなくなるのではなく、満足をベースに動くようになります。

足りないものを求めてではなく、不足を埋め合わせるためでもなく、ごきげんに動けるんです。すると、ごきげんに応じたものが返ってきて、ますます満ち足りて運ばれるようになります。

ごきげんに動いて、満ち足りて運ばれる。それもまた、運と仲良くするということなんじゃないでしょうか。

「何事もほどほどがよい」という『養生訓《ようじょうくん》』の教え

「足るを知る」と聞いて、思い浮かぶのが『養生訓』。

江戸時代に貝原益軒さんが書いたこの本は300年経った今でも読み継がれている超ロングセラーで、その中心となる教えが**「何事も、ほどほどがよい」**なんです。


「養生の道は、中（中庸）を守ること。中を守るとは過不足のないことをいう」

（養生訓・巻第二）

「たいていのことは完璧を求めると、楽しくなくなる。他人に完璧を求めて足りない部分を怒ったりすると心にもよくない。日用の飲食や衣服、住居や家具、庭の草木に対しても、完璧な美しさを求めず、ほどほどがよい。こうしたことが気を養う工夫である」

（養生訓・巻第二）

「古人も『酒はほろ酔い、花は半開』がよいと言っている。少し物足りないくらいが、その先の楽しみもあるというものだ」（養生訓・巻第二）

益軒さんが述べている「ほどほど」くらいを心地よく感じることは、亮さんが述べていた「求めるもの（分母）を小さくすること」にもつながってきそうです。

「でも、その『ほどほど』っていうのが、なかなか難しいんじゃないの？」

はい、おっしゃる通りなんですが、**実は「すべての習慣はつながっている」ので、なにか1つでも「ほどほど」が実践できると、自然に「ほどほど」で満足できる範囲が広がっていくんです。**

そこでとっかかりとして、ぼくがおすすめしたいのは**「ほどほどに食べる」という習慣。**

健康で長寿の方々の多くは「食べ過ぎない」という習慣を持っていますから「ほどほどに食べる」ことができたら、からだもこころも元気でいられるし、食費も節約できますね。

そのコツは「もう、食べられない」という状態になる前の「空腹じゃなくなった」という段階で食べるのをやめること……難しそうですか？

実は、ぼくも甘いものが大好きで、なかなかこの分母を小さくできずにいたのですが、数年前ついに効果的な**「食べ過ぎないコツ」**にたどり着くことができました。

それが次の3つです。

①ゆっくり、よく噛んで、味わって食べる
②ひと口ごとに箸を置く
③『孤独のグルメ』のように（こころのなかで）解説しながら食べる

③は大好きなテレビドラマ。主人公が飛び込みで入った飲食店でひとり黙々と食事をしながら、素材や味付け、料理の背景にまで想いをめぐらせて食べるのですが、このときの「こころの声」がまた共感できるものばかりで、いつの間にか、じっくりと味わって食べていることに気づきます。

脳のなかの「満腹中枢」には「時差」があって「おなかいっぱい」と思ったときは、もうすでに食べ過ぎてしまっているのだそうです。

だから、前述したような方法で時間をかけて食べると、その「時差」が自然に縮まって、食べ過ぎずに済むというわけですね。

『養生訓』にも次のような記述があります。

「食べものも、飲みものも、ちょうどよいと思う量より控えめの七、八分目でやめておくのがよい。それでも、少し時間が経つと十分満足できるものである。食べているときに満足だと感じたら、もう食べ過ぎている」（巻第三）

「ほどほどに食べると、胃腸に隙間ができて氣がめぐりやすくなる。食べものも消化しやすくなって、すべてが栄養としていきわたる」（巻第三）

「足るを知るには、味わう感性を高めて、1つ1つのことをしっかりと味わうようにすること」という亮さんのことばが実践できると、もっともっとの量の世界から、足るを知る質の世界へと、自然に運ばれていくことが実感できそうですね。

7、8分目が良い

第4条

あるを見る

満たされるには、あるものを見るといい

ペットボトルに水が半分入っています。これを見たときにどう思いますか。

「半分しか残ってない！」と思うでしょうか。

「半分も残っている！」と思うでしょうか。


こんなふうに思うかもしれませんね。

「もう半分もなくなっちゃった。悲しいな」

「まだ半分もある。うれしいな」

事実は、水が半分入っているということ。

それをどう見るかで、見え方や感じ方が変わります。

「ある」ほうに目を向ければ、水が半分「ある」となります。

さらに、半分「も」あると見ることもできます。半分もあってうれしいという感じ方にもつながります。

「ない」ほうに目を向ければ、水が半分「ない」となります。

さらに、半分「しか」ないと見ることもできます。半分しかなくて悲しいという感じ方にもつながります。


あるものに目を向けると、人は（心は）満たされます。ペットボトルのなかの水のほうを見れば、水が満たされていますから、文字通り満たされていると感じます。

ないものに目を向けると、人は（心は）満たされません。ペットボトルのなかの空いているほうは水が満たされていませんから、文字通り満たされていないと感じてしまいます。


だから、満たされたければ、あるものを見るといい。

100点満点のテストで30点を取ったときも同じです。ないほうを見ると、つまり、取れなかったほうに目を向けると、70点もマイナスだったということになります。ダメだという気持ちにもなりやすいでしょう。でも、あるほうを見ると、つまり、取れたほうに目を向ければ、30点プラスだったということになります。30点も取れたと喜ぶことも可能です。

30点って、3割しか取れてないじゃないかと言うかもしれませんが、プロ野球なら3割打てるバッターは一流選手ですから、喜んでもいいんじゃないでしょうか。

事実は100点満点のうち30点を取ったということだけですが、ある（取れた）とない（取れなかった）のどちらに目を向けるかで、感じ方も満たされ方も変わりますね。

「あるを見る」と、満たされて「良かった」と感じるので、運と仲良くすることにもつながります。

「足るを知る」うえでも前提になるのは、「あるを見る」ことです。

足るを知らない、つまり、もっともっととなっているときは、ないものを見ています。ないほうに目を向けているわけですから、ないない、足りない足りないとなります。

足るを知るには、まずあるものに目を向ける必要があります。ないものは味わえませんからね。まずは、あるものに目を向ける。そして、充分に味わう。

「あるを見る」は、充分に味わい、足るを知り、満たされるうえでも欠かせないわけですね。

ぼくは20年近く1日1食の生活をしています。夕食だけの1食です。

ただし、厳格なものではありません。おやつはOKにしていますし、友人と一緒のときは朝食や昼食を食べることもあります。興味本位で始めたので、無理なくゆるく続けています。

食事にかける時間やお金が浮いたり、体が軽くて快調だったりと、良いことはいろいろあります。体調が良いので医療費もかかりませんし、1日の食べる量が（たとえば3食のときよりも）減るので、食糧自給率を高めるのにも（ほんの少し）貢献しているかと思います。

1日1食にして良かったことはいろいろとあるわけですが、なかでもいちばん良かったと感じているのは、何を食べても美味しいということです。

朝から何も食べずに過ごして（飲み物は飲みます）夕方になると、おなかが減ります。かなりの空腹です。おなかがぐぅぐぅ鳴ることもよくあります。

その空腹の状態でいただく夕食は最高です。美味しいなんてもんじゃありません。

空腹だったからと言って、ガツガツと貪り食うことはしません。一口一口よく噛んで、しっかり味わいながらいただきます。

おなかも心も満たされます。満ち足りて、幸せに包まれます。それが表情にも出ます。

「亮さんって、本当に美味しそうに食べますね。すっごく幸せそう」

よくそう言われます。ありがたい限りです。

空腹を感じることで、食べ物や料理という**「あるを見る」**がよりクローズアップされます。そして、充分に味わい、足るを知り、満たされます。


あるをしっかり見ることができると、あるはあたりまえではないことも見えてきます。


あるものというのは、いちいち目を向けないことも多いものです。いつもあるものは、あってあたりまえと感じやすいですからね。でも、本当にあたりまえでしょうか。

今の日本では考えづらいかもしれませんが、世界に目を向けたり過去の時代のことを考えたりすれば、食べ物がない（なかった）ケースはいくらでもあるでしょう。今の日本でも、災害などで流通が滞ったり買い付け騒ぎが起きたりすれば、食べ物がお店からなくなり買えなくなるということはあり得るでしょう。食べ物があるのはあたりまえではないということがわかるんじゃないでしょうか。

食べ物があったとしても、料理をしてくれる人や調理用具や電気・ガス・水道がそろわなければ料理はできませんし、料理はできても自分の体調がすぐれなければ、美味しくいただくことはできません。

料理を美味しく食べられることも、あたりまえではないということですね。

あたりまえがあたりまえではないということに気づいたり思い至ったりできれば、いつもあるものに対して感じ方が変わります。あたりまえではないということからさらに、ありがたい（有り難い）と感じることもできるでしょう。

有り難いとは、有ることが難しい、つまり、めったにないということです。

実はめったにないものかもしれないという見方ができれば、あたりまえに見えたものもありがたいということになるでしょう。それが、あるをしっかり見るということです。

・「ない」ものを考えて嘆くよりも、「ある」ものを見て安心して喜ぶ。
・お金や仕事が足り「ない」から、もっともっと欲に走るよりも「ある」お金をどう使い、「ある」仕事をどう行うかを考える。
・ケガや病気で元気が「ない」ことに気を病むよりも、元気で「ある」部分を見て良かったと思う（言う）。
・他人や自分の良く「ない」ところや足り「ない」ところを見て責めるよりも、他人や自分のなかに「ある」良いところに目を向けて認めたり褒めたりする。
・思い通りになら「ない」ことに不満や文句や怒りをぶつけるよりも、今「ある」ものや状況があたりまえでなく、ありがたいことと思い、「良かった」と言う。

「あるを見る」ができると、良かったと感じて、喜ぶことができます。

さらに、あることはあたりまえではなく、めったにないことかもしれないと見ることができたら、運ばれ方に対してもより仲良くすることができるでしょう。

NARUMI

ぼくたちは、たくさんの「ありがたい」に囲まれている

今まで「あたりまえ」だと思っていたことが、突然「あたりまえ」じゃなくなったら……。

第1条で述べた「家業の倒産」という出来事は、ぼくにとって「あたりまえ」の価値観が大きく変わるきっかけとなりました。

住むところがなくなったら……
食べるものがなくなったら……
家族と離れ離れになってしまったら……

そんなふうに、環境が激変する可能性に迫られる毎日のなかで、とりあえずは、着る服があって、寝られる場所があって、食べることができるという、これまで「あたりまえ」

だと思っていたことが、いかに「ありがたい（有り難い）」ものだったのかということを、しみじみと実感することができたのです。

その後、紆余曲折を経て独立してからも、しばらく大変な状況が続きましたが、「あのときに比べたら」と思うと「ありがたさ」のほうが先に立ち、なんとか乗り切ってこられたように思います。

亮さんが述べていたように**「あるをしっかり見ることができると、あるはあたりまえではないことも見えてくる」**んですね。

あらためて身のまわりの**「ある」**をしっかり見てみると、たくさんの「ありがたい」に囲まれていることに気づきます。

・今、着ている服には、どんな人が関わり、どれだけの工程を経て手元に届いたのでしょうか。
・今日食べたごはんは、誰がどんなふうに生産したのでしょう？　調味料をつくっているところもあるはずです。調理に使ったガスや水道は、どうでしょうか。
・住んでいるところは、自分で木を伐採して組み立て、茅葺《かやぶ》きをしてつくりましたか？

もし、そうだったら、それはそれですごいことですが（笑）、こんなふうに、生活に必要な衣食住だけを考えてみても、**いろいろな「誰か」のはたらきがあって、はじめて「ある」が与えられている**ことに気づきます。

そして、さらにその大本を考えると、そのすべては自然界からの恩恵を受けてこそのものだとわかります。

農作物を育てる水も、土も、魚が生きる海も川も、生命の根本である空気も、人間がつくったものは1つもなくて、すべてが自然界の恵みなんですね。

もし、太陽から光熱費を請求されたら……と想像するだけでも、いかにたくさんの恩恵を受けているかがわかるでしょう。

先人はこうしたありがたさのことを「すべてに神さまが宿っている＝八百万《やおよろず》の神」と表現したのだと思います。

ノーベル物理学賞を受賞した物理学者の小柴昌俊先生によると、ぼくたちは皆、「地球の大地にある108の元素のなかの92個をいただいて生まれてきている」のだそうです。

つまり、**ぼくたちも大本は「自然界の一部」**。

だから、**無意識のうちに「あたりまえじゃないことのなかに、あたりまえにいる」という絶対的な安心感に包まれて暮らすことができている**んですね。

「ある」に目を向けることで、世界が輝いて見えるたびに、人生の「運ばれ方」もまた輝きを増していくように思います。

ぼくたちは自然界の一部

第5条

広げてつなげて見る

広げてつなげて見ると、見え方も変わる

TAKASHIMA

「なんであんなことが起きたんだ」
「あんなことさえなければ、こんなことにならずに済んだのに」
「あんな目に遭ってしまって、運が悪かった」

そんなふうに思ったことはありませんか。
きっと一度や二度はあるでしょう。数えきれないくらいあるという方もいるかもしれませんね。

・思い通りじゃなかったから。
・予定通り、想定内のことではなかったから。
・自分の許容範囲に入らなかったから。

許容範囲に入らないとき、人はそれを問題と感じます。ひどい目に遭ったと思ったり、運が悪かったと思ったりするものです。運ばれ方を敵視すると言ってもいいでしょう。

そういうとき、問題の解決方法は大きく分けて2通りあります。

1つは、その出来事や状況や人を自分の思い通りにさせること。

そして、自分の許容範囲に収まるようにさせること。

自分は変わらずに、状況や相手を変えることです。

もう1つの方法は、自分の許容範囲を広げること。

状況や相手を変えるのではなく、自分が変わることです。

どちらの方法をとるのも自由ですが、自分以外のものを変えて自分の思い通りにさせようとするのは難しいものです。自分の思い通りにならない出来事や状況というのはいくらでもあるし、人を変えようとしても、相手には相手の都合や事情があるので、こちらの思い通りに動いてくれるとは限らないからです。

でも、自分が変わるというのは、やろうと思えばできます。自分の許容範囲を広げることは、他人に関係なく自分だけでできることなので、難しくはありません。

許容範囲が広がれば、許せなかったものも許せるようになります。受け入れられなかったことも受け入れられます。的を弓矢で射るときに、的が小さいと矢もはずれやすくなるけれど、的を大きくすればはずれにくく、当たりやすくなるように。

では、許容範囲を広げるにはどうしたらいいでしょうか。的を大きくするにはどうしたらいいでしょうか。

それには、見る範囲を広げることです。そして、つなげて見ることです。広げて見ると、見えるものも増えます。そして、つなげて見ると、意味付けも変えられます。

狭い範囲でしか見ていないと、うまくいかなかったその出来事しか見えないものですが、見る範囲を広げると、他の出来事も見えてきます。

そして、いろいろなつながりも見えてきます。正確に言うと、自分がつなげて見ているんですけどね。

そのつながりが見えたとき、「あのことがあって良かった」「あのときは予定通りに進まなくて良かったんだ」「あのトラブルが次のご縁につながったわけだから、あれで良かったのだ」と思うことができます。

逆に、つながりが見えないうちは意味付けもできないので、良かったとは思えない。「なんであんな目に遭ったんだ」「あんなことさえなければ」「運が悪かった」と不満や文句をぶつけることになります。

運、つまり、運ばれ方というのは、出来事と出来事の並びや状況の移り変わりをつながりとして見た場合のさまですから、つながりを見ること、つなげて見ることは、運の見方としてはとても重要なポイントになります。

自分が見えている範囲は、たかが知れています。

自分の見える範囲では一見うまくいかないことのように思えたことも、もっと大きな範囲で見てみたら、必要なことが1つ1つ起きていて、それらがつながっていて、ちゃんとうまい具合に運ばれていたということが見えてくることもあるでしょう。

必要な運ばれ方だったと見ることができたとき、そう運ばれて良かったと感じ、運と仲良くすることができます。


たとえば、大学受験に失敗したとします。

それだけを見たら、失敗や挫折と感じるかもしれません。事実は試験に合格しなかったというだけで、そのこと自体には良いも悪いもないいんですが、落ちることは良くないというとらえ方が多いでしょう。

でも、そのあとのことまで範囲を広げて見るとどうでしょう。

試験に落ちた結果、予備校に通うことになり、そこでとても良い先生に出会うことができた。そして、翌年に入った大学では、予備校のクラスメイトにくっついてテニスサークルに入り、そのおかげでとても楽しい学生生活を送ることができた。さらに、そのサークルの先輩が勤めている会社に誘われ、入社することができた。


このように試験に落ちたこと以外のことまで広げて見て、そのあとの出来事や流れとつなげて見ることができたら、あのとき（年）試験に落ちて良かったと思えるんじゃないでしょうか。運が良かったとさえ感じるでしょう。

実は、これはぼく自身の実際の体験を振り返ったものです。見る範囲を広げて、つなげて見ることで、見え方がまったく変わってしまいました。

起きた出来事自体には、良いも悪いも、決まった意味もありません。それをどの範囲で見て、どうつなげて見るかで、意味付けも見え方も変わります。

ぼくは今では、試験に落ちて運が良かったなとつくづく感じています。落ちたときにはそうは思えませんでしたが、範囲を広げてその後の流れとつなげて見るようになってからは、良かったとしか感じられなくなりました。

見る範囲を広げて許容範囲を広げ、見えてきたものをつなげて見るようにすると、ちゃんと必要なことが起きて自分が運ばれてきたことがわかって、良かったと思えるようになります。運と仲良くなれたということですね。

NARUMI

心の「扇」を広げることがラクに生きるための「奥儀」

その神秘的で幻想的な作品から「現代の北斎」とも称されている「ときめきの富士」の写真家、ロッキー田中さん。誰も見たことがない、浮世絵のような富士山を撮影するには、ちょっとした秘訣があるのだそうです。

「山麓で待たずに、東京にいながら天候を読み、明日、あの場所、あの時間！　とインスピレーションが湧いたら、その1時間前にピンポイントでその地点に立つ。すると、イメージに描いた通りの画を撮らせてもらえる、というのがぼくの撮影スタイルです。

ところがごく稀に、雨などで富士山が、まったく見えないことがある。あれ？　呼ばれたはずなのになぁ、と思いながら、富士山の麓を廻っていると、あ！　ここだ、という地点にたどり着きます。そんなときの富士山は、複雑な天候条件が絡み合って、いっそう幻想的な姿を見せてくれるんです。

見る角度が変わると、見え方も変わるし、見える範囲も自然に広がる。

人生で起こるさまざまなことに対しても、少し角度を変えてみると、また違った見方ができるようになるということを、富士山に教えてもらいました」

大好きな富士山を撮影して、たくさんの人たちに喜んでもらうという、まさにときめきの毎日に運ばれているロッキー田中さん。

そんな素敵な人生の運ばれ方の秘訣は**「見える範囲を広げるには、見る角度を変えてみる」**という霊峰・富士の教えを実践しているからなのかもしれません。

見える範囲が広がると、自分自身がラクになるというメリットもあります。

以前、お話会にいらっしゃった40代の女性から「マンションの隣人の話し声が気になって眠れない」という相談がありました。ご夫婦なのか、恋人同士なのか、夜遅くまでゲームやおしゃべりなどで、とても賑やかなのだそうです。

ぼくはつい「そんなに毎日おしゃべりすることがあるなんて、とっても仲が良いんですね」とお伝えしてしまったのですが、その方はふと「たしかに、そうかもしれない」と思ったらしく、さらに「そんなに仲の良い波動が隣から来ているというのは、喜ばしいことなのかもしれない」とまで、考え方が変わったらしい(笑)。

すると、隣から聞こえてくる会話が「まるで、癒しのメロディに聞こえるようになった」というのです。

それからほどなく、その隣人は引っ越されて行ったそうですが、ものの見方が変わったうえに、新しく越してきた隣人が多少うるさくても、気にならなくなっている自分に気づいてまた驚いた、とも教えてくれました。

見方（見る角度）が変わって、見える範囲が広がると、ラクになるのは、ほかならぬ自分自身なんですね。

亮さんとも、生前親交が深かった小林正観さんは「常識の枠という心の広さ」を「扇」にたとえて説明してくれていました。

「自分の心の広さ（許容範囲・寛容度）＝扇が広がると、その外側にいた許せなかった人や、我慢できなかった人を受け入れることができるようになる。そしてさらに、その外側にいる人を受け入れられるようになると、心の領域がまた広がって『そういう価値観の人もいるよね』と自分の心の許容範囲が広がっていく。だから、現れてくれた人は常に心の許容範囲を広げてくださる方だと思ってみたらどうでしょうか。

心の『扇』を広げること。これこそがまさに、自分がラクに生きるための『**奥儀**《おうぎ》』なのかもしれません」

扇と、奥儀……さすが、亮さんのお師匠さん！

こころの許容範囲が広がると、自分自身がラクになります。

そのためにも、物事をいろいろな角度から見てみる。見える範囲が広がっていくごとに、運ばれている人生への感謝の念が湧いてくると思います。

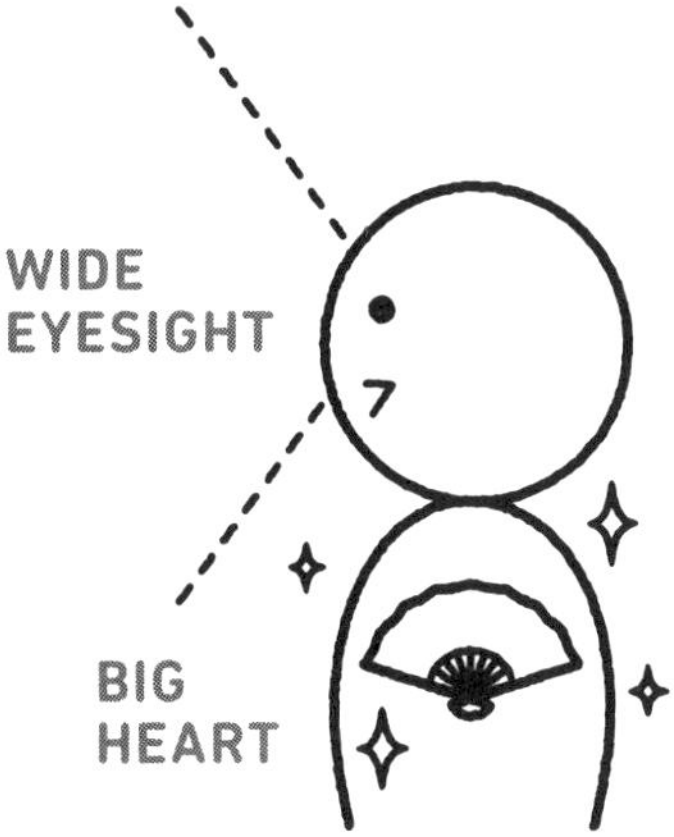
WIDE
EYESIGHT
BIG
HEART

心の扇を広げると、
見える範囲が広がる

第6条

喜び上手になる

喜び上手になると、いちばん得をするのは自分

TAKASHIMA

「運が良い」「運が良かった」というとき、どんな気持ちになりますか。

きっとうれしいですよね。運が良くて悲しくなるということは、あまりないでしょう。あまりないというよりも、そもそも「運が良い」というのは、うれしいとか気分が良いとか納得がいくとか安心するといった感じ方や感情と連動しているものです。

逆に、「運が悪い」という感じ方は、悲しいとかがっかりとか納得できないといった感じ方と連動しているものです。

「良い」というのは肯定的な意味ですから、肯定的な感じ方や感情とつながっています。
「悪い」というのは否定的な意味ですから、否定的な感じ方や感情とつながっています。

肯定的な感じ方は、人間にとって喜びで「快」です。
否定的な感じ方は、人間にとって辛くて「不快」です。

運が良かったというのは喜びで、喜んでいるときは運ばれ方についても良く感じるものです。

運が悪かったというのは辛いもので、苦しんでいるときは運ばれ方についても悪く感じるものです。

どちらが正しいというのはありませんし、どちらになることもあると思いますが、どうせなら肯定的な感じ方をして「運が良い」と感じていられるほうがいいんじゃないでしょうか。

もしそう思うのであれば、喜び上手になることです。

喜び上手になるとは、喜ぶ頻度を上げて、しっかりと喜ぶことです。

たとえば、次のように。

・朝起きたら、無事起きられたことを喜ぶ。
・顔を洗って、鏡のなかの自分を見て、喜ぶ。
・トイレに行って、無事用足しをして、喜ぶ。
・おはようとあいさつをして、1日を始められることを喜ぶ。
・コーヒーを淹れて、香りを楽しんで、飲んで味わいながら、喜ぶ。
・シャワーを浴びながら水（お湯）を感じて、スッキリさっぱりして喜ぶ。
・お気に入りの服を着て、喜ぶ。
・普通に歩けて、元気に出かけられることを喜ぶ。
・空を見て、良い天気に恵まれたことを喜ぶ。
・電車に無事乗れたことを喜ぶ。
・仕事に無事行けたことを喜ぶ。
・今日やることを無事やれたことを喜ぶ。
・わからなかったことを教えてもらえて、喜ぶ。
・アドバイスをもらえたり、手伝ってもらえたりして、喜ぶ。

・ランチをしながら楽しいおしゃべりをして、喜ぶ。
・コンビニで買い物中に、品ぞろえの良さと便利さと買えるお金があることを喜ぶ。
・オフィスに帰るときの風を感じながら、その心地よさを喜ぶ。
・用件があって電話をしたら、相手が出てくれて、喜ぶ。
・予定の時間内に仕事を終えることができて、喜ぶ。
・ダジャレやギャグを思いついて、ひとりで密かに喜ぶ。
・思いがけないうれしい知らせが入って、喜ぶ。
・ダジャレが思いがけずウケて、喜ぶ。
・新たな仕事が入り、仕事が運ばれてきたことを喜ぶ。
・忙しいながらも充実した1日を過ごし、ビールでおつかれさんと、最高の一杯を喜ぶ。
・出てきた料理を味わいながら、美味しくいただけることを喜ぶ。
・気の置けない仲間とくだらない話をしながら、こんな時間を過ごせることを喜ぶ。
・仲間から楽しい話を聞き、面白い話に爆笑しながら、喜ぶ。
・褒められて、喜ぶ。
・おめでたい話を聞いて、みんなでお祝いの乾杯をして、喜ぶ。
・普通に電車が動いていて、無事に家に帰れたことを喜ぶ。

・家族が普通に暮らしている姿を見たり、元気な声を聞いたりして、喜ぶ。
・今日も寝られる家があることを喜ぶ。
・布団に入り、今日も1日を普通に元気に過ごすことができ、眠りに就けることを喜ぶ。

いかがでしたか。

普通の1日のなかで、どんな場面で、どんなふうに、どんな頻度で喜ぶかの例を思いつくままに挙げてみました。

もちろんこれ以外にも、喜ぶことはいくらでもできます。無限のシチュエーション、無限のパターン、無限のケース、無限のタイミング、無限の喜び方があるでしょう。

喜ばなければいけないという法はありませんが、喜ぶと自分が快になり、喜ぶ回数を重ねるほど快で満たされます。そして、喜ぶ頻度を増やすほど、喜ぶことが上手になります。**喜び上手になると、いちばん得をするのは自分です。快で満たされるようになりますからね。さらに、喜び上手になると、人からも喜ばれるというプラスもついてきます。**

人間は喜ばれるとうれしいものだからです。

人に喜ばれることをするのは素晴らしいことですが、相手に何かをしてあげるだけでなく、自分が喜ぶことでも、相手に喜ばれることができます。
人間は喜ばれるとうれしいというようにできているので、自分が何かをしてあげたときに相手が喜んでくれたら、自分もうれしいでしょう。同じように、自分が何かをしてもらったときに喜ぶと、相手もうれしいものです。

受け取り上手、喜び上手になると、相手も喜んでくれるということです。

自分が受け取って喜ぶと、相手がそれを見て喜び、それを見てまた自分がうれしくなって喜ぶ。すると、相手もまた喜ばれてうれしくなり、それを見てまた自分が喜ぶ……こうして、喜びの循環が続くことにもなりますね。
運と仲良くすると、喜びと安心が得られます。ということは、喜ぶこと自体が運と仲良くしていることにもなるということです。

喜び上手になって、運と仲良し上手になってはいかがでしょう。

NARUMI

人間は喜び、喜ばれることを本能レベルで心地よく感じる存在

日常のいろいろな場面で「喜び」を感じられる亮さんのライフスタイルは素敵ですね。
特に「ダジャレやギャグを思いついて、ひとりで密かに喜ぶ」「ダジャレが思いがけずウケて、喜ぶ」亮さんの姿は、その様子が目に浮かびます（笑）。

亮さんのように、普段の生活のなかで喜ぶ頻度が増えると、喜びが喜びを呼んで、さらに**「喜び感性」**がアップするようです。

つまり、**「喜び上手」**になるということですね。

「喜べば、喜びごとが喜んで、喜び連れて、喜びに来る」

早口言葉みたいですけど、上手に言えますか？

上手に言えなくても、まったく問題ありませんが、大切なのは、この文章が表しているように**「喜びは連鎖する」**ということ。そして、いちばんはじめに**「喜べば」**とあることから**「まず、喜ぶ」**というスタンスが大事であることがわかります。

日常生活のいろいろな場面で、まずは意識して「喜んで」みる。そのためにも、亮さんの「１日のなかでの喜びの見つけ方」は、とても参考になると思います。

いつも喜んでいなさい。
絶えず祈りなさい。
すべてのことにおいて感謝しなさい。
これが、キリスト・イエスにあって
神があなたに望んでおられることです。
「テサロニケ人への手紙」第１５章16～18節

神さまが「いつも喜んでいなさい」と望んでいることからもわかるように、ぼくたちにはどうやら、喜ぶことや、喜んでもらうことを「快（心地よい）」としてとらえる本能が備わっているようです。

自分が喜ぶことが快なのはもちろん、喜んでもらうことでも快を感じる。

これは、ぼくたちの大本である自然界そのものが**「利他」**から始まっているからかもしれません。

植物は、自分が必要とする以上の葉っぱをつくって光合成をしています。

その葉っぱは、落ち葉になって微生物の餌となり、花はミツバチや蝶たちに蜜を与え、木の実は虫や鳥が食べます。

つまり、**自然界の循環の大本は「自分が必要とする以上に葉っぱをつくる」という「利他」から始まっている**んですね。

そして、ぼくたちのご先祖さまもまた「利他」の本能で生き残ってきたようです。

食糧危機や天変地異といった歴史の転換点をこれまで何度も迎えたときに、お互いを助け合った「他人を思いやる遺伝子の優位なグループ」が世代を超えて生き残ってきたことが、わかっているからです。

つまり、**誰かに喜んでもらえたときに自分も喜びを感じるのは、自然界の循環と先人からの遺伝子という「本能」レベルで感じる「快（心地よさ）」である**ということができるわけです。

ぼくたちは「喜び、喜ばれる」ことを「本能レベルで心地よく感じる存在」なんですね。

「喜ぶこと自体が運と仲良くしていることにもなる」という亮さんの言葉は、こうした観点からも納得できます。

喜んで、喜んでもらって、それを見てまたお互いが喜ぶ。

「喜べば、喜びごとが喜んで、喜び連れて、喜びに来る」

早口で言えるようになるまで、がんばってください（笑）。

自然界の循環は
「利他」から始まる

第7条

おかげ

「おかげ」と「運と仲良くする」はセット

「おかげ」とか**「おかげさま」**という言葉を使いますか。


「友人のおかげで、助かりました」

「おかげさまで、無事終えることができました」

「今日こうしていられるのも、皆さんに支えていただいたおかげです」

「予定通り順調に進んでいます。おかげさまです」

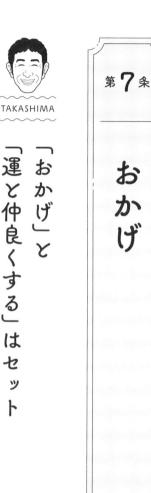

誰だれのおかげというように具体的に対象を言うこともあれば、おかげさまでというように広く感謝の念を向ける使い方をすることもあるでしょう。

おかげなんて言葉は使わないなという方もいるかもしれませんが。


おかげとは、御陰。


陰とは、隠れて見えないもの。

隠れて見えないものや陰で支えてもらったことに対して、感謝やお礼の意を表すときに「おかげ」や「おかげさま」という言葉を使います。

使う人と使わない人には違いがあるように思います。

自分は運ばれていると感じる人は、おかげということを口にします。

隠れて見えないものの力や支えによって運ばれていることを感じているからです。

逆に、自分の力だけでやっている、他の力を借りることなく生きていると感じている人は、おかげということは口にしないものです。

使うのが良くて、使わないのは悪いということはありませんが、長い目で見ると運（運ばれ方）には違いが出てくるように思います。

人は、自分だけで生きることはできません。
自分が獲得したように見えるものも、自分の力だけで手に入れることはできません。
自分ひとりで何かをしたとしても、他の力や存在抜きにできるということはありません。

たとえば、グラス一杯の水を飲むのも、自分の力だけではできません。グラスがなければ飲めませんが、グラスの製造や流通や販売に関わった人たちがいなければ、グラスを手にすることすらできないでしょう。

水もそうです。水道の水であれ、ペットボトルの水であれ、水を採取してから自分の手元に水が届くまでに、実に多くの人や会社が関わっているでしょう。そもそも、水をゼロからつくること自体、人間にはできません。自然がなければ、水一滴ですら飲むことはできないでしょう。

水以外にも、空気や日光や地球自体をつくることは人間にはできません。自給自足の生活をしているという人でも、食べ物も身に着けているものも住んでいる家も、元をたどれば全部自然の素材です。

生きていること自体が、自分以外のおかげのもとに成り立っているということは、

ちょっと考えてみれば明らかでしょう。

さらに、人間は人の間と書くように、人との関わりのなかで生きる存在です。ということは、必ず他の人の力や支えに与っているはず。気づくか気づかないかは別として。人や自然や自分のまわりを取り囲むものや、さまざまな出来事との関わりのなかで生きるさまを、**「運ばれる」**と言います。

そもそも運ばれるというのは、自分ではできないことです。自分で自分を運ぶことはできません。運ぶのは自分以外のものです。

自分以外の何かによって運ばれているわけで、その何かを「おかげ」と呼び、そのはたらきに敬意を表して「おかげさま」と言うわけです。

自分が運ばれていることを感じ、さらにそれで良かったと感じるとき、おかげという言葉となって出てきます。運ばれていると感じてはいても、運が良かったと思わない人は、おかげとは口にしません。

「おかげ」と「運が良かった」はセットなんです。
ということは、「おかげ」と「運と仲良くする」もセットです。

おかげという言葉を使った時点で、運が良かったと言っていることになりますから、おかげを口にする人は運と仲良しということになりますね。

おかげの感性があると、運が良かったと感じられます。

おかげの感性とは、運ばれていることを感じ取り、それにありがたさを感じる感性だからです。

おかげを口にすると、運ばれやすくもなります。

おかげに気づき、認め、言葉にして感謝の気持ちを発すると、それに応じたものが返ってきて、囲まれて、運ばれることになるからです。

人の支えや力に対しておかげさまと感謝する人のことは、また支えてあげたくなるでしょう。単純な原理です。

自分の力は一馬力。馬ではないので、一人力と言ったほうがいいでしょうか。自分ひとりでは、どんなにがんばっても限りがあります。たかが知れています。

でも、自分以外の力は、その何倍にもなります。おかげは、原理的には無限です。

自分の力だけでがんばりますか。それとも、ほかの人のおかげをいただきながら、進み、運ばれていきますか。

どちらを選ぶのも自由ですが、おかげを口にして感謝をしながら生きる人には、ラクに楽しく和やかに運ばれる道が広がっていくことでしょう。

PRINCIPLE

「おかげ」と
「運が良かった」はセット

NARUMI

おかげとは、御陰。陰とは、隠れて見えないもの

「おかげさま、という言葉をよく使う人は運が良い（運と仲が良い）人」

亮さんが述べているように「おかげさま」ということばは、運と仲よくできる言霊《ことだま》（ことばが持つエネルギー）を持っているようです。

ぼくのまわりでも「おかげさま」と、よく口にする友人ほど「人生がスムーズに運ばれているなぁ」と感じます。

口ぐせって、大事ですね。

脳には、ことばに出したことを合理的に納得しようとする機能があります。

だから、「ありがとう」と言うと、「何に対して、ありがとうなのか？」と、脳が自動的にその理由を探します。その結果、普通なら見過ごしてしまうようなことに対しても「感謝の理由」を見つけられるようになります。

それと同様に、「おかげさま」と言うと「何に対して、おかげさまなのか？」と、その理由探しがスタートして、いろいろな「おかげさま」に気づくことができるわけです。

「ありがとう」や「おかげさま」が口ぐせになっている人は、「幸せを見つける感性」がアップしていく。つまり、「運が良い（運と仲が良い）」人ですね。

ことばにするだけで、脳が自動的にその理由を探しはじめるのであれば、これを有効に活用しない手はありません。

意識的に、どんどん「おかげさま」「ありがとう」を使って、口ぐせにしてしまうことで、いつの間にか、「運が良い（運と仲が良い）」自分に気づくでしょう。


ぼくはお話会などで、よく**「からだと、ことばと、こころは、地球限定3大グッズ」**ということをお伝えしています。

この3大グッズは、すべてつながっているので、どこかにアプローチすると、あとの2つにも作用するようにできています。

そこで、「おかげさま」という「ことば」につながるようなアプローチを考えてみます。

「おかげさま」と言うとき、こころはどんな状態で、からだはどんな動きをしているでしょう？

こころは、謙虚や感謝。からだは、軽く頭を下げて、笑顔になっている。

たぶん、そんなイメージが思い浮かぶのではないでしょうか。


では、このなかで、いちばん手っ取り早くできることは、なんでしょう?

ぼくは、**笑顔がいちばん簡単**かなぁと思います。

「おかげさま」を、怒りながら言う人はいませんから(いたら、ごめんなさい)、**「笑顔」という、からだのアプローチから「おかげさま」ということばが、口ぐせになりやすくなる土壌をつくることができる**んですね。

「お祓《はら》いの語源は、お笑い」という説もありますから、面白くなくても、できるだけ笑っていたらいいんです(友人の落語家さんも「それは助かる!」と言っていました)。


「おかげとは、御陰。陰とは、隠れて見えないもの」


隠れていて見えないけれども、ぼくたちは目に見えないたくさんの「おかげさま」に囲まれて生活しています。

「おかげさま」を口ぐせにすることで、陰に隠れた「おかげさま」が見えてくる。

そして、そこに気づくたびに「幸せを見つける感性」もまたアップしていく。

「おかげと、運が良かった（運と仲良くする）は、セット」という亮さんのことばを実感するためにも、まずは**「笑顔」**という入り口から**「おかげさま」**を口ぐせにしてみてはいかがでしょう。

「いちばん大切なことは、目にみえない」
小説『星の王子さま』（サン＝テグジュペリ）

「おかげさま」は
陰に隠れている

第8条

いいんだよう〜

できる自分も、できない自分も肯定しよう

TAKASHIMA

人間、生きているといろいろなことがあります。

- 思い通りになることもあれば、ならないこともある。
- うまくいくこともあれば、いかないこともある。
- 予定通りに進むこともあれば、想定外のことが起きることもある。
- こちらの望んだように動いてくれる人もいれば、動いてくれない人もいる。
- ちゃんとできるイケてる自分もいれば、うまくできなくてイケてない自分もいる。

人生にはどちらもツキものです。

思い通りになったりならなかったりしながら、他人や自分に対してイイねと思ったりダメ出しをしたりしながら、毎日は過ぎていくものです。

そして、物事が思い通りになると「良い」と感じ、思い通りにならないと「悪い」と感じがちです。望んだようになったら「プラス」で、ならなかったら「マイナス」というとらえ方や意味付けをしがちです。


それはそうでしょ。思い通りになったらうれしいし、思い通りにならなかったら悲しいし、うまくいけば良かったと思うし、うまくいかないときはダメだと思うものでしょ。

そういう方も多いかもしれませんね。たしかに、そのように感じたり、意味付けをしたりするのは、あたりまえかもしれません。人間だもの。

でも、本当にそうでしょうか。


うまくできることが良くて、できないことは悪いというのは、本当でしょうか。

思い通りになることがプラスで、思い通りにいかないことはマイナスというのは、本当でしょうか。

もちろん、そういうときもあるでしょう。でも、常にそうとは限らないということも言えるんじゃないでしょうか。

なぜなら、プラスと思ったことがマイナスにつながることもあれば、マイナスと思ったことがプラスにつながることもあるからです。

何度も言ってきましたが、そもそも物事自体にはプラスもマイナスもありません。

ただある出来事が起きて、そういう状況になっているという事実があるだけ。それが根本です。

その事実を、自分がプラスと見たら自分にとってプラスということになり、自分がマイナスととらえたら自分にとってマイナスということになる。プラスもマイナスも、自分の意味付けによって決まるわけです。

だから、思い通りになることもならないことも、自分の見方が変わればプラスがマイナスにもなり得るし、自分のとらえ方が変わればマイナスがプラスにもなり得ます。

第1条で、ぼくが以前に勤めていた会社をリストラのような形で辞めることになった話をしました。あの出来事は、そのときのぼくにとってはまったくの想定外で、ぼくは最悪の事態だと感じました。でも、それがきっかけで会社を立ち上げることになりました。講演会などの主催を自らの会社でするようになり、さらには自分自身でも講演や執筆活動をするようになりました。おかげさまで、今はラクに楽しく和やかに毎日を生きています。そこまでつなげて見れば、出てくるのは感謝しかありません。

リストラというのは、起きた出来事。それ自体に良いも悪いも、プラスもマイナスもありません。ぼくの見方次第で、最悪の事態にもなれば感謝の対象にもなる。自分の意味付け次第で、マイナスにもプラスにもなるんです。

それは、ぼくのリストラだけに言えることでしょうか。

そうではないでしょう。誰の毎日にもいろいろなことがあり、それに対してそれぞれの意味付けをして、それぞれの感じ方をしているはずです。

これまでを振り返ってみても、あの大変なことがあったから人生が大きく変わったとか、あの辛い出来事がその後のご縁や流れにつながったということがあるんじゃないでしょうか。プラスだと思っていたことがマイナスに転じたこともあったかもしれませんし、マイナスだと思ったことが、あとから見たらプラスだったことに気づけたということもあるかもしれませんね。

それは過去に起きたことだけではなく、これから起きることにも言えるでしょう。見方が変われば、プラスもマイナスも変わる。それは、誰にとっても、過去、現在、未来のどのタイミングで起きることについても、同じなんです。

1つ1つの物事についてだけでなく、運ばれ方についても同じです。見る範囲を広げて、あるものを見て、つなげて見ると、許容範囲も広がって、つながりが見えてきて、受け入れやすく、あれで良かったんだと肯定しやすくなります。

そうだとすると、起きる出来事や他人や自分について、どれがプラスでどれがマイナスだとか、誰が良くて誰が悪いとかに、あまりこだわらなくてもいいんじゃないでしょうか。ひとことで言うと、こうなります。

「マイナスに見えてもプラスに見えても、陰でも陽でもいいんだよう〜（い陰だ陽〜）」

はい、ダジャレです。

この見方ができると、いろいろな物事や人を肯定しやすくなります。

思い通りになるときもならないときも、その状況を肯定しやすくなります。できる自分も、できない自分も肯定しやすくなりますよ。

肯定というのは、賛同したり褒めたりするということではなく、それはそれと認める、それもありだよねと受け入れるということです。そういうときもあるよね、仕方ないよね、きっとあれで良かったんだよといったん受け止めるということです。

運ばれ方を肯定するということですから、運の味方をすることにもなります。

いったん受け止めてから肯定できると、じゃあ次はどうすればいいかと考えて進むことができます。ラクに楽しく和やかに運ばれやすくなりますよ。

「陰でも陽でもいいんだよう〜」

このフレーズを頭の片隅に入れておいて、運と仲良くしながらラクに楽しく和やかに運ばれてみるといいんだよう〜。

NARUMI

何事もジャッジしなければ自分自身がラクになる

「陰でも陽でもいいんだよう〜」というフレーズで、思い浮かんだのが**「陰陽太極図」**。宇宙は陰と陽のバランスによって成り立っている、ということを表している図形です。実は、この「陰陽太極図」は、ぼくが携わってきた「ヒーリング」という癒しのスキルにおけるイメージにとっても近いんです。

陰陽太極図の前に、ヒーリングの説明を少々。

ヒーリングとは、ひとことで言うと「癒し」のことで、こころやからだの悩みなどを和らげたり、ラクにしたりするスキルの1つです。

ご相談に来られる方によって感じるエネルギーは異なりますが、だいたいは次のようなイメージにまとめることができます。

YIN YANG

陰陽太極図

・ヒーリング前……黒っぽいモヤ、重い、暗い感じ、冷たい感じ
・ヒーリング後……クリアになる、軽い、明るい感じ、温かい感じ

このときに起こった変化をエネルギー的な観点で表現すると、黒いモヤや重さなどが、まったくなくなってしまったというよりは、「ちょうど良い感じになった」というイメージ。

黒っぽいモヤが真っ白になったわけではなく、重さがなくなって無重力になるわけでもない「中庸の状態にほどよく調和された」という表現が、もっとも近い感じかもしれません。

陰陽太極図でいうと、黒と白が良い具合に混ざり合った感じです。

「じゃあ、最初からグレーでいいんじゃないの？」とも思うのですが、この図形があえて黒と白に分かれていて、それぞれのフィールドに対極の色が入っているところに、先人が**「宇宙の摂理」**として表した理由があるように思うんです。

人の意識は「どちらか一方に偏りやすい」という特徴があります。

それは、陰陽太極図が表している「宇宙の摂理」にもつながっていて、あえて「分離」

を体験するために必要な「この世での意識のあり方」を示しているのかもしれません。

もともとはグレー一色だったものが、あえて「黒」と「白」という、一見対極に見えるものに分かれて、さまざまな体験をする旅の途中にぼくたちがいる。

そんなイメージでもあります。

だから、**もとをたどれば、結局「どっちでもいいいんじゃない？」ということになるので、物事の善し悪しというのは、人間がつくった「ものさし」でしかない**んですね。

ヒーリングのあと、ちょうどほどよい「中庸」のイメージになるのも、そういうことなのだと思います。

人を裁くな。
あなたがたも裁かれないようにするためである。
あなたがたは、自分の裁く裁きで裁かれ、
自分の量る秤で量り与えられる
「マタイによる福音書」7章1～2節

またまた早口ことばを練習したくなるようなフレーズですが、早口で読んでも、読まなくても、どっちでもいいです。

ここ数年、ぼくが主宰しているお話会では、ほとんど質問がありません。答えがいつも「どっちでもいいんじゃないでしょうか？」に決まっているからというのが、どうやらその理由のようです（笑）。

何事もジャッジしなければ、自分自身がラクになります。

「息がしやすい＝生きやすい」という語源の説があるように、ラクだなぁ、と感じることは、自然界の摂理にかなっている証拠。

前項で述べたように、からだと、ことばと、こころはつながっているので、「陰でも陽でもいいんだよう〜」というフレーズを口ぐせにしていると、だんだん「裁かない＝ジャッジしない」思考ぐせがついてきます。

裁かなければ、裁かれませんから、ますますラクに楽しく、和やかに運ばれている人生に気づくことができるでしょう。

第9条
うんうんとうなずく

TAKASHIMA

運と仲の良い人は、うんうんとうなずく人

運と仲良くなる簡単な方法があります。

それは、うんうんとうなずくこと。

それだけかと思った方や、そんなことで運と仲良くなれたら苦労しないよと思った方や、単なるダジャレでしょ？　と思った方もいるかもしれませんね。

どれもごもっともです。

うんうんとうなずくと運と仲良くなる。

運と仲の良い人は、うんうんとうなずく人。


でも、これは単なるダジャレというわけでもないんですよ。

人と話しているときに、うんうんとうなずきながら聴いていると、話している相手は、ちゃんと自分の話を聴いてくれているんだなと感じます。

仮に、こちらが話の内容をそんなに理解していなかったとしても。

にこやかな表情で聴くとさらに効果的です。相手はとても話しやすく感じて、自分の話を楽しんでくれているんだなと感じて、気持ちよく話せます。

仮に、こちらがそこまでは熱心に聴いていないとしても。

でも、こちらが相づちを打つこともなく無表情でいたらどうでしょう。

相手はあまり話しやすくないんじゃないでしょうか。


話す側の立場になって考えるとわかると思います。

目の前の人が自分の話に全然反応してくれなかったり、つまらなそうな表情をしていたりしたら、だんだん話す気力もなくなってくるんじゃないでしょうか。

少なくとも、話していて楽しくはないでしょう。もしかすると、「この人（目の前で話を聞いている人）はこの話に興味がないのかな。話すのをやめたほうがいいかな」と思ったりするかもしれません。

逆に、目の前の人がうんうんとうなずきながら、にこやかに聴いてくれていたら、話していても楽しいでしょうし、「この人とはまた話したいな」と思うんじゃないでしょうか。そして、「また面白い話があったら、この人に聴いてほしいな」とか、「良い情報があったら、この人に教えてあげたいな」とか、「何か楽しいことをするときには、この人を誘ってみようかな」とか思うかもしれませんね。

うんうんとうなずきながら、にこやかに話を聴く人には、面白い話や良い情報や楽しいお誘いが来やすいということになりそうです。

そういう人を「運と仲が良い人」「運を味方にしている人」と言うんじゃありませんか。

一方、うなずくこともなく無表情に聞いていたり、つまらなそうにしていたりすると、面白い話や良い情報や楽しいお誘いはなかなか来ないでしょう。

そういう人は「運と仲が良くない」ということになるかもしれません。少なくとも、「運が味方してくれている」とはなりづらいように思います。

うんうんとうなずくこと自体はほんのちょっとしたことですが、それをするかどうかは大きな違いにつながる可能性があります。

１日だけならそれほどの違いはないかもしれませんが、これを１週間、１カ月、３カ月、１年、３年、10年と続けていったらどうでしょう。

１人に対してだけならあまり影響はないかもしれませんが、これを３人、10人、30人、１００人と、日々会う人たちに対してしていったらどうでしょう。

片や面白い話や良い情報や楽しいお誘いがたくさんもたらされ、良いご縁にもつながって広がるという運ばれ方をする「運と仲の良い人」に、片やそういうものがなかなか来ない「運と仲の良くない人」に。その差はとても大きいものになりそうです。

たったこれだけのことですが、うんうんとうなずくだけでうんとラクに楽しく運ばれやすくなるんですね。

うんうんとうなずくのは首をタテに振るという相づちですが、言葉の上での相づちにも同様の効果があるようです。

「はい（うんうん）」
「そうですね」
「なるほど」

こういった言葉の相づちを打つと、「あなたの話を聴いていますよ」「受け止めましたよ」ということが伝わります。

逆に、「いや」「そうじゃなくて」「でも」といった否定の言葉を言うと、相手を遠ざけてしまいやすいかもしれません。

ぼくはよく、亮さんはとても話しやすいと言われるのですが、どうもその大きな理由は、ぼくが話を聴くときに、「なるほど」と言ってうなずきながら聴くかららしいのです。

そのおかげでしょうか、ぼくはいろいろな人から面白い話や良い情報や楽しいお誘いをたくさんいただきます。とてもありがたいことですし、こんなふうに運ばれて良かったなと感じることも多々あります。

うなずきも言葉の相づちも、肯定の表現です。うなずく（肯く）の字が示す通りですね。

肯定は、目の前の相手を受け入れたということですから、まず自分がラクになります。さらに相手も、肯定されると安心するし、うれしいものです。そして、受け入れてくれた人に好感を持つでしょう。そして、その人には、面白い話や良い情報や楽しいお誘いを運んであげたくなるでしょう。

肯定の表現ということでは、相手の目を見ることも大切です。

目と目で通じ合うと言うように、目と目を合わせることで心と心も合わせやすくなります。アイコンタクトは、合いコンタクト。心を合わせてコンタクトできると、目の前の相手を味方にできます。

肯定は目の前の相手を味方にする要です。それは運を味方にする要でもあります。

人生は人によって運ばれ、目の前の相手がいろいろなものを運んできてくれるからです。目を合わせて、うんうんとうなずきながら、言葉の相づちも打ちながら、目の前の相手を味方にして、運とうんうんと仲良くなってみてはいかがでしょう。

NARUMI

うなずいていると、人のご縁に、楽しく運ばれる

亮さんのお話、うんうん、とうなずきながら読みました。

たしかに、亮さんと話していると、いつも笑顔で「うんうん、なるほど〜」とうなずきながら聴いてくれるので、とても気持ちよく話すことができます。

でも、内容をそんなに理解していなかったり、実は熱心に聴いていなかったり、という場合もあったんですね……これまで気を許し過ぎました（笑）。

うんうん、とうなずく行動は、相手（の話）を肯定しているという「からだ」の動きです。

からだと、ことばと、こころはつながっているので、からだが肯定的な動きをしていると、ことばも、こころも自然に肯定的になっていきます。

そして、それは「人生の運ばれ方に対しても肯定的になっていく」ということにもつながります。

ヒーリングをしているときに、人生は大きな川の流れのようなものに「運ばれている」というイメージが浮かんでくることがありますが、「うんうんと、うなずく」という肯定的な行動は、そうした流れに、スムーズに運ばれる秘訣なのかもしれません。

亮さんは、頼まれごとは基本的に断らない、というスタンスをお持ちです。笑顔で、うんうん、とうなずいていると、一緒にいて「心地よい」と感じるたくさんの方からお誘いを受けるので、亮さんは、いつも引っ張りだこ状態。

まさに**「人のご縁に、楽しく運ばれる」**お手本のような人生だと思います。

（とある日の亮さんとの会話）
（ぼく）「うんうん、とうなずいてもらうと、なんだか気持ちがいいですよね」
（亮さん）「うん、うん、そうですね」
（ぼく）「特に、亮さんは笑顔でうなずいてくれるから、一緒にいて心地いいです」
（亮さん）「うん、うん、ありがとうございます」
（ぼく）「ところで、今日のお茶代は、亮さんが払ってくれるんでしたっけ？」
（亮さん）「うん、うん、それは、ちょっと協議しましょうか」

こんな場面でも、笑顔でうなずきながら、協議に持ち込む術《すべ》をお持ちの亮さん。見習うべきところが、たくさんあります。

とりあえずの入門編としては、話がよくわかっていなくても、**「うんうん、なるほど～」**と、まずはうなずく（肯定的なリアクションをとる）という亮さんやぼくのうなずき術をおすすめします。

ちなみに、話の内容がどうしても理解できないときには、「……う、う～ん」という、うなずき方もありますのでご参考まで。

ご縁の流れに、楽しく運ばれるためにも、相手の話を肯定する（うんうん、とうなずく）ことから始めてみてはいかがでしょうか。

第10条

上を向いて歩こう

TAKASHIMA

体は命を運んでくれる乗り物。軽いものは運ばれやすい

晴れた日に、青空を見上げながら歩くと、気持ちいいですよね。
体ものびやかにハツラツとして、気分も晴れやかになります。

『上を向いて歩こう』という歌が昔、大ヒットしましたが、上を向いて歩くと、涙がこぼれないようにできるだけでなく、運と仲良くなるという効果もあります。

気分も良くなり、運とも仲良くなる。上を向いて歩くだけでそうなるとしたら、簡単でしょう。

なぜそういう効果があるのでしょうか。

1つは、上向きを人は良いと感じやすいようになっているからでしょう。逆に、下向きは良くない、悪いと感じやすくできているようです。本当は、上が良くて下が悪いと決まっているわけではなく、あとから自分がそういう意味付けをしているだけですが、そのように感じる人は古今東西多いのではないでしょうか。

その上下の感覚は、地球の重力とも関係しているかもしれません。

上（かみ）と神も、つながっています。

上のほうに尊いものを感じることを、日本人は**「かみ」**という同じ音の言葉として表したのかもしれませんね。日本人以外も、神さまというときは天を仰ぐ、つまり、上を見ることが多いのではないでしょうか。

上向きを良いと感じるので、上を向いて歩くと良い気分を感じやすいのでしょう。

もう1つの理由として考えられるのが、心と体のつながりです。

「心」と「体」と「言葉」は、人間を成り立たせている3つの要素です。

この3つは互いにつながっています。心と体はつながっていて、体と言葉もつながっていて、言葉と心もつながっています。

つながっているので、互いに影響し合います。どれかが変わると、他の2つも変わる。心が変わると、出てくる言葉が変わり、使う言葉を変えると心も変わります。使う言葉が変わると体も変わり、体が変わると出てくる言葉も変わります。

同じように、心が変わると体も変わり、体が変わると心も変わります。

たとえば、心が緊張して硬くなると体も力が入ってガチガチになりますよね。そんなとき、心の緊張を解きほぐすために、体をほぐして硬さをとろうとするでしょう。

がっかりしたときや落ち込んだときは、下を向くでしょう。心が下向きだと、体も下向きになります。体が下向きだと、心も下向きになりやすいということでもあります。下向きは重力のはたらく方向ですから、心も重くなります。

悩んでいるときやふさぎ込んでいるときは、うつむくでしょう。

うつむくは**「鬱」「向く」**、つまり、鬱に向く姿勢。うつむいてばかりいると、心も鬱に向いていくかもしれません。

反対に、上を向く姿勢はあおむくで、**「仰」「向く」**、つまり、天を仰ぐことで心も上向きにしてくれます。上向きは重力とは反対方向なので、軽い方向。だから、上を向いて歩くと心も軽くなるんですね。

軽いものは運ばれやすい。

だから、心が軽くなると運ばれやすくなります。運と仲良くなります。
体の姿勢は、心の姿勢につながります。心の姿勢とは、心の軽さや重さと言ってもいいでしょう。心の軽さや重さは、運ばれやすさにつながります。つまり、体の姿勢は、運ばれ方にもつながっていくということですね。

体は命を運んでくれる乗り物でもあります。

自分を乗せて運んでくれるという意味では、車みたいなものです。
車を持っている人は、修理をしたり、メンテナンスをしたり、車をきれいに保ったりするでしょう。

車は傷んできたら買い替えればいいかもしれませんが、体は他のものに替えることはできません。替えるとしたら、それは還るとき。つまり、死ぬときです。

それまでは替えるわけにはいかない乗り物が、自分の体です。自分のもののようであって、自分のものでもない。しかし、自分を乗せてくれる大切な乗り物です。

車に快適に乗るためには、修理やメンテナンスをして、車をきれいに保ちながら大切に使うことが必要ですよね。同じように、自分がラクに楽しく和やかに運ばれるためには、体も整えて大切に使うことが必要です。


体を整えるということについては、「入」と「出」とで考えるといいでしょう。


「入」とはインプット。食事と睡眠が代表的な「入」ですね。

食事や睡眠は体をつくり、体を修復し、体にエネルギーを補給してくれます。

どちらも毎日のことなので、体を整えるという意識とはあまり関係なくとることが多いかもしれませんが、体を整えるという観点から自分に合うスタイルをつくり、保っていきたいものです。

ちなみに、ぼくは食に関しては、前述のようにゆるい1日1食を基本のスタイルにしていて、睡眠に関しては目覚ましなしで起きる（それまではぐっすり眠る）日をつくるようにしています。

この生活習慣のおかげで、体も整い、元気に活動しながらラクに楽しく和やかに運ばれていると感じています。


「出」とはアウトプット。体を動かすこと、体を使うことです。

人間の体は、動かしていると柔らかくなって動きやすくなり、動かさないでいると硬くなって動きにくくなります。使うと発達し、使わないでいると衰えて退縮してしまいます。

適度に動かし、適切に使うことで、体は整います。

上を向いて歩くというのは、毎日できる体の適切な使い方であり、体を整える姿勢でもあります。**体と心はつながっていますから、体が整うと心も整いやすくなります。**自分を運んでくれる体が整うと、ラクに運ばれやすくなります。心が整うと、「良かった」という見方をしやすくなり、ラクに楽しく和やかに運ばれやすくなります。

つまり、運と仲が良くなるということです。


というわけで、上を向いて歩こう。運と仲が良くなるように。

NARUMI

ただ、ぼーっと、空を眺める。シンプルで効果的なセルフヒーリング

セルフヒーリング（自分でできる癒し）としてお伝えしていることの１つに**「ただ、ぼーっと、空を眺める」**という方法があります。

とてもシンプルで、すぐに効果を実感できる「健幸法」です。

人の呼吸数は１分間に約18回（水の分子と同じ数）。

これを倍にすると、人の体温（36度）になります。

さらに倍にすると、心拍数（72回）。これは最低血圧値の目安でもあって、それを倍にした１４４は最高血圧値の目安になります。

赤ちゃんがお母さんのおなかのなかにいるおおよその日数は２８８で、これまた2倍。

こんなふうに、ぼくたちのからだは、自然界のリズムと同調しています。

ただ、ぼーっと、空を眺めていると、昼であれば風で雲が流れていったり、夜であれば星が輝いていたり、月明かりと自然に目が合ったりします。

「風」も「雲」も「星」も「月明かり」も、すべて自然界の摂理そのもの。

つまり、**ぼーっと、空を眺めているだけで、本来のリズムである自然界の摂理に、こころとからだのチャンネルを合わせていることになる**んですね。

前述したように、ぼくたちのからだは、わかっているだけでも、地球の大地にある108の元素のなかの92個をいただいてできている自然界の一部。

外側の自然と、内側の自然が、空を眺めることで同調するのも不思議なことじゃないんです。

もう1つ、この健幸法が効果的な理由として、脳科学でいう**「安静時の脳活動（デフォルトモードネットワーク）」**があります。

ぼーっと、しているときの脳は、意識的に何かをしているときと比べて、15倍ものエネルギーを使っていることがMRI（磁気共鳴画像装置）のデータからわかっています。つまり「何もしていないとき」が、脳にとっての大切な時間になっているというわけです。

では、「ただ、ぼーっと、空を眺める健幸法」のやり方を解説していきましょう。

ただ、ぼーっと、空を眺める健幸法

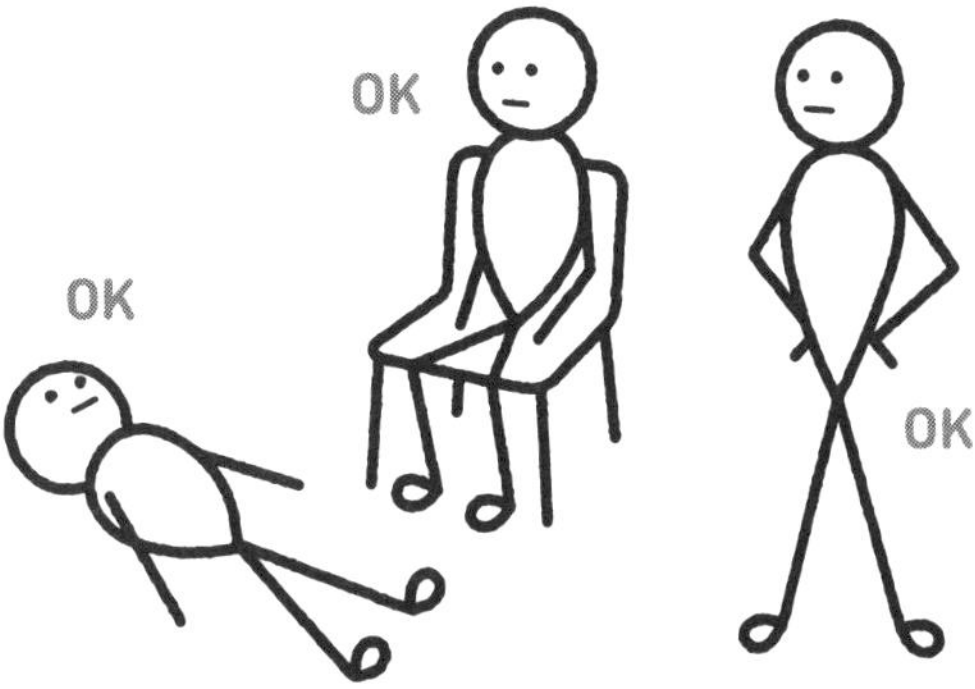

1　立ったままでも、椅子に座っていてもかまいません。もちろん、寝転んでいてもＯＫ。

2　ラクな姿勢で、空を見上げます。ただ、ぼーっとしていてもいいし、流れる雲を眺めていてもかまいません。なるべく何も考えずに、ただひたすら、ぼーっと空を見上げてください。

3

まずは、1分間を目安に始めてみましょう。

慣れてきたら、心地よさを感じるままに行ってください。


この健幸法のコツは、何も考えないこと。

ただ、ぼーっと空を眺めているだけで、もともと自然界の一部であるぼくたちのからだところは、自然界の摂理、宇宙のリズムに同調していきます。

亮さん流にいえば「もう、どうちよう！」というくらい同調していきます……。

……どうちようもないダジャレにお付き合いいただき、ありがとうございます。

第11条

明るい見方をする

TAKASHIMA

「明るい」は、「あ、軽い」

晴れた日に出かけました。

太陽は輝き、見える景色は明るい。空の青も木々の緑も、明るくきれいに目に映ります。

心も明るくなり、気分も晴れやかです。


ここでサングラスをかけます。

すると、景色は暗くなります。空の色も木々の葉の色も、暗めに鈍く見えます。

あたりまえと言えばあたりまえですね。サングラスをかけているのですから。光を遮って、暗く見えるように、明るさを抑えるようにするのがサングラスですから。


でも、サングラスをはずすと景色は明るくなります。

これもあたりまえですね。サングラスをかけずにそのまま見ているのですから。

景色は同じです。でも、明るくなったり暗くなったりする。その違いはどこからくるのでしょうか。

そのまま見るか、サングラスをかけて見るかの違いです。言うまでもありませんね。

言うまでもないことのようですが、実際は、自分がサングラスをかけて見ていることを忘れてしまうことも意外と多いかもしれません。


サングラスをかけているのに、景色が暗いと文句を言っていることって、ありませんか。

自分のかけているサングラスのことは置いておいて、景色のほうに文句を言っている。

「景色が暗い」「なんでこんな目に遭わなきゃいけないの」「運が悪い」と不満を口にする。

でも、サングラスに気づいてはずすと、景色が明るくなります。もし、さらに明るく見えるメガネがあってかけたとしたら、景色はさらに明るくなるでしょう。そして、「なんて明るい景色だろう」「素晴らしい天気に恵まれて良かった」「運が良い」と喜ぶでしょう。

景色とメガネを例えとしてみました（サングラスが良くないと言っているわけではありませんよ）が、私たちはいつもメガネをかけて見ているんじゃないでしょうか。そして、メガネに応じて景色の見え方も変わるんじゃないでしょうか。

色メガネで見ると言いますが、いつも私たちはその時々で自分の色をつけたメガネを通して物事を見ています。色付けをする、つまり、意味付けをするということですね。

そのメガネの選択は、色の選択は、自分がしています。

選択は自分次第。選択は自らに由る。これを選択の自由と言います。

どんな色を選ぶのも、どんなメガネをかけるのも自由ですが、運と仲良くするには、明るいメガネがおすすめです。明るい見方をするということです。

明るい見方というのは、肯定的な見方のことです。
物事を肯定的にとらえ、肯定的な面を見ることです。
暗い見方というのは、否定的な見方のことです。
物事を否定的にとらえ、否定的な面を見ることです。

どちらで見るのも自由ですが、肯定的な見方、明るい見方をするほうが、ラクに楽しく和やかになりやすいので、自分が得です。

明るいものを人は快と感じますから、明るいメガネで見ると、まず自分が気分よくなります。「良かった」と思いやすくもなり、気分も明るくなるので、さらに明るい人になります。

人は明るいものに集まりますから、明るい人のまわりには人も集うようになります。

「明るい」は、「あ、軽い」

明るいと軽いはつながっているんですね。

英語でもそうです。

「Light（ライト）」は「明るい」という意味ですが、「軽い」という意味もあります。

明るいと軽いにつながりを感じるのは、日本人だけではないようですね。

そして、明るさや軽さに心地よさを感じるのも、世界共通かもしれません。

人間は、基本的に光を求め、軽さを好むようにできていると思われます。光はエネルギーに、軽さは動きにつながります。どちらも人間にとって欠かせないものです。エネルギーも動きも、生命の根源と言ってもいいかもしれません。

明るい人には軽さや軽やかさを感じ、明るい人はイキイキとしているように感じられるのも、光と軽さがエネルギーを動かし、生命を活性化させるからなんでしょうね。

ちなみに、明るいと軽いがつながっているように、暗いと重いもつながっています。


光がない（少ない）暗さは、軽さもなくなるので重くなる。


心が暗くなると、「気が重い」「気分が重い」と言いますね。落ち込むというのもまさに、重力に引っぱられて下に落ちるさまを言った表現ですが、落ちるのは心が重くなるからでしょう。

「気分が沈む」とか「沈鬱」というのも、暗く重くなって沈むということです。逆に、気分が明るいときは「ウキウキ（浮き浮き）」ですから、浮きます。軽いということですね。

心にも明るさと軽さ、暗さと重さがあることを、（日本）人はちゃんと感じ取ってきたんじゃないでしょうか。

明るい見方をすると、自分のなかに光と軽さが生まれ、エネルギーと動きが生じます。

『易経』に**「運は動より生ず」**という言葉があります。それに照らしてみると、明るい見方は動を生み、そこから運も生じる、つまり、運ばれやすくなるということが言えそうです。

明るい見方をするということは、見る対象に光を当てて見るということでもあります。対象が物事であれ人であれ、明るい見方をすると、相手に光を当てて照らすことにもなるんですね。

光で照らして見るから、明るく光って見える。肯定的な面を引き出すこともできます。こちらが相手の味方になるので、相手も味方をしてくれやすくなります。

明るい見方をすると、自分の心が明るく軽くなるのでラクに楽しく運ばれて、相手を光で照らして味方にできるので和やかに運ばれることになりますよ。

NARUMI

生活そのものが癒しになる「ライフ イズ ヒーリング」

「明るいは、あ、軽い。英語でも、Light（ライト）には、明るいという意味と軽いという意味がある。明るいと軽いは、つながっているんです」

亮さんのお話は、第8条でお伝えした「ヒーリング前後のエネルギー変化」そのものだなぁ、と感じました。

・ヒーリング前…黒っぽいモヤ、重い、暗い感じ、冷たい感じ
・ヒーリング後…クリアになる、軽い、明るい感じ、温かい感じ

明るいと軽くなるし、軽いと明るくなる。
宇宙の法則はシンプルで、すべてが相関関係にあります。

ということは、「明るい、軽い」というヒーリング後の心地よい状態も、日常生活のなかで再現できるのではないだろうか……。

そんな思いつきから、提案しているのが**「ライフ イズ ヒーリング」**。

生活そのものが癒しになる「明るい、軽い」を実感できる簡単習慣です。

①明るい

身近でいちばん明るいものといえば「太陽」。

特に、朝日は「朝＝十月十日」と書くように、生命の源のエネルギーをより多く感じることができます。


医学的にも、太陽光を浴びることは**「セロトニン」**という神経伝達物質の分泌を促すことが確認されていて、ぼくたちに大きな健幸効果をもたらせてくれます。


自転しながら太陽の光を受け取っている地球。

そこに暮らすぼくたちもまた、朝日を浴びることで地球の自転をからだとこころで感じることがで

MORNING SUN

朝日を浴びよう

きます。

からだとこころという「地球服」は、太陽光という「明るさ」によっても、宇宙や自然界のリズムと同調するようにできているんですね。

②軽い

「身軽になる」というように、身のまわりをすっきりさせることで「軽い」はすぐに実感できます。

手っ取り早いのは、**掃除や断捨離**。

特に、玄関や窓といった**「風の通るところ」**やトイレ、台所などの**「水まわり」**は、自然界の摂理のなかで**「流れているところ」**なので、きれいにしておくとエネルギーの流れも良くなって、「軽く」なります。

掃除をしよう

もう1つ、ヒーリング前後の変化として表れる「温かい」を再現する方法もご紹介しましょう。

③ 温かい

人は「温かいものに触れる」と、やさしくなります。

からだの温かさと、こころの温かさの両方に関与しているのが、同じ大脳の**島皮質**《とうひしつ》という部分だから、というのがその理由です。

ヒーリングで表情が柔らかくなるのは、こういうことなんですね。

温かいものを飲んだり、食べたりして感じる**「温《あたた》かさ」**、動物をなでたり、誰かとハグしたりすることで感じられる**「温《ぬく》もり」**もまた「明るい」「軽い」と同じように、人生をラクに楽しく、和やかに運んでくれるように思います。

温かさや温もりを大切に

第12条

明るい表情をする

表情美人になることは、運と仲良くなることに直結する

TAKASHIMA

人は明るいものに引き寄せられます。

光が生命の根源だからでしょう。

生命という意味では、虫も夜の明かりに寄ってきたりするので無視できませんが、ここではひとまず人に焦点を当てましょう。

明るい人とは、どんな人でしょうか。

人の明るさはいくつかの面に表れますが、もっともわかりやすく表れるのは顔でしょ

う。それも、顔のつくりよりも顔の表情により濃く表れます。

「表情」は、**「表」**れた**「情」**報と書きます。

感**「情」**が**「表」**に出たものとも言えます。

その人の感情（心や内面）や生き方が表に表れた情報、それが表情なんですね。

表情が美しい人は、内面も生き方も美しい。

「美しさは表情」なんです。

内面や生き方が表情に表れ、美しく輝いている人。そんな素敵な人を、ここでは**「表情美人」**と呼ぶことにしましょう。

美人というと通常は女性を指しますが、ここでは女性に限らず男性も含めます。

男性の場合は「表情イケメン」と言えばいいのかもしれませんが、内面や生き方が「表情」に「美」しく表れている「人」という意味で、男女とも「表情美人」と呼ぶことにします。

では、いわゆる美人にはどんな良いことがあるでしょうか？

いわゆる美人というのは、顔かたちが整っている（顔のつくりがきれいな）人のことです。外から見た形という意味で、ここでは**「外見美人」**と呼ぶことにしましょう。

・モテる。
・褒められたり、尊重してもらえたりする。
・ファンがたくさんできる。
・いろいろな面で良くして（贔屓して）もらえる。
・おいしい機会やチャンスが増える。
・おいしい思いをしながら運ばれる。

まだ他にもあるかもしれませんが、このあたりが外見美人の得することとして挙げられるでしょう。

これだけ得られるとしたら、（外見）美人はいいな、（外見）美人になりたいと思う気持ちもわかります。ぼくもイケメンになりたいと思って、麺類ばかり食べている……わけではありませんが。

では、**「表情美人」**はどうでしょう？

まず、先ほど挙げた外見美人の得することは、表情美人も得ることができます。

美人という意味では一緒ですからね。

でも、それだけではありません。

表情美人になると、さらに得られるものがあります。

・人間関係が良くなる。
・価値観や生き方を共有でき、心と心が通うつながりを持つことができる。
・本当に大切な人と深くつながることができる。
・和やかにイキイキと、そのときそのときを楽しめる。
・お金では買えない（プライスレスな）幸せな時間が増える。

「表情美人」とは内面や生き方が**「表情」**に**「美」**しく表れている**「人」**。

誰からも好かれやすく、特に内面や心の豊かさに価値を置く人と良い関係を結ぶことができます。「類は友を呼ぶ」の言葉通りですね。

外見美人が形あるものや（人数など）量的な面で得するのに加えて、表情美人はさらに心の充足や質的な豊かさも得られるということになるでしょう。

人から得られるものばかりではありません。

表情美人になるということは、内面や生き方が豊かになるということなので、それ自体が豊かな人生に直結することになります。自分で自分を豊かにすることができる、いわば自給自足の幸せと言っていいでしょう。

そして、表情美人になることは、運と仲良くなることにも直結します。

表情美人には誰でもなることができます。外見（顔かたち）という遺伝的なものに関係なく、自分の日々の過ごし方や生き方次第ですから。

表情美人への道は、誰にでも開かれているんです。

では、表情美人になるにはどうすればいいでしょうか。

それは、明るい表情をすることです。

いつも明るい表情をするように、できるだけ明るい表情をするように、心がけて意識して、実際に明るい表情をすることです。

明るい表情は、笑顔と言ってもいいでしょう。

微笑みからニッコリから大笑いまで、どの笑顔でもＯＫ。


眉間を開いて、口角を上げる。


これは、明るい表情の共通ポイントです。目はパッチリ開けるときと穏やかに細めるとき、どちらもありですね。

笑うときも食べるときも、話すときも聴くときも、歩くときも座っているときも、心がけて明るい表情をする。それを毎日毎瞬続けていくと、誰でも表情美人になれますよ。

体と心と言葉はつながっているので、表情が明るくなると、心も明るくなり、口から出てくる言葉や言う前にチョイスする言葉も明るくなります。

「良かった」と感じやすくなるのでラクに楽しく運ばれて、目の前の人を味方にできるので運も味方してくれます。

明るい表情で表情美人になって、毎日を運と仲良く過ごしながら、ますます表情美人を楽しんでいってはいかがでしょう。

NARUMI

免疫力の高い人は、人相が良い

亮さんが麺類をよく食べているのには、そんな理由があったんですね……。

「表情とは、その人のこころや内面や生き方が、表に表れた情報のこと」その「表情」が、年月を重ねていくと「人相」になるのでしょう。

ホリスティック医学の第一人者としても知られる医師の帯津良一先生によると**「免疫力の高さは、人相に表れる」**のだそうです。

「免疫力を表すパラメータは、白血球とかリンパ球とか、NK活性とか、いろいろあります。でも、1つのパラメータで免疫力を判断するとしたら、それは『人相』です。免疫力の高い人は、人相が良い」

今年（2024年）88歳になった帯津先生は、朝日が昇る前から原稿を執筆、日中は医師として患者さんと向き合い、朝の気功と晩酌は毎日欠かさず、週末は全国から講演会のお呼びがかかるという超人的なスケジュールを、もう何十年と続けていらっしゃいます。

帯津先生の人相の素晴らしさは、先生と会ったことがある誰もが知るところ。こうしたスケジュールを淡々とこなされているのは、まさに高い免疫力の賜物でしょう。

こころや内面や生き方は「表情」に表れ、それは「人相」となって免疫力のパラメータにもなるという、何よりの証明だと思います。

「免疫力が高い人＝人相が良い」を、前述した「すべては相関関係にある」という法則にあてはめると「人相が良い＝免疫力が高い人」となります。

人相は普段の表情の積み重ねなので、「明るい顔」をこころがけることで「良い人相」がつくられ「免疫力が高い人」にもなれる、ということですね。

「眉間を開いて、口角を上げる。これは明るい表情の共通ポイントです」

亮さんが述べていたこちらの表情をしてみると「笑顔」になります。

医学的にも、さまざまな健幸効果が確認されていている「笑顔＝明るい顔」を日常生活で簡単に習慣化できる方法をご紹介しましょう。

① 鏡を見ながら、笑う

面白いか、面白くないか（顔のことではありません）は関係なく、とりあえず、鏡に映っている自分に向かって笑ってみます。30秒もしないうちに、なんとなく気持ちが明るくなってくるでしょう。

「なぜ、こんなことをしているのか?」と思わず笑ってしまうのでもOK。笑顔になった瞬間に、免疫力が高まって、自律神経も整っています。

② 思わず笑顔になるグッズを置く

ご家族の写真や、旅の想い出のグッズ、飼っているペットの写真、推しアイドルの写真など、思わず笑顔になってしまうようなものを、スマホの待受画面にしたり、あちらこちらに置いておきます。すると、目が合ったぶんだけ、知らず知らずのうちに笑顔の回数が増えていくでしょう。自然な笑顔は、無

鏡を見て笑おう

笑顔になれるものを置く

理なく、穏やかに人相を明るくしてくれます。

③ ペンをくわえる

自律神経の副交感神経は、口角が上がるだけで活性化することがわかっています。ということは、ペンを横にくわえて口角を上げるだけでも、同じ効果が期待できるというわけです。

表情筋と、顔にあるたくさんのツボが刺激される効果も加わって、こころが明るくなり、それはそのまま人相にも表れてくるでしょう（※ペンは横にくわえましょう。縦にくわえると笑えない事態になります）。

「顔の表情が、感情をつくり出している」
ウィリアム・ジェームズ（心理学者）

ペンを横にくわえて口角を上げる

第13条 明るい言葉を使う

言葉は、いつでもどこでも贈ることのできるプレゼント

人間は、言葉を使う動物です。

言葉を使って、考えます。言葉を使って、意味付けをします。言葉を使って、意味を伝えます。言葉が使えるおかげで、コミュニケーションの幅も広がります。

言葉は、見えないものと見えるものをつなぐもの。

意味という見えないものを、音や文字という見える（聞こえる）形で表す。言葉という形あるものによって、人間は見えないものを表現したりやりとりしたりしています。

言霊という考え方から言えば、言葉には音という形に応じたエネルギーや力があるということにもなります。

使う言葉、発する言葉によって、自分から発するエネルギーや自分の表れ方が変わります。どんな言葉を使うのも発するのも自由ですが、それに応じたものが返ってきて、それに応じたものに囲まれることになりそうです。


運と仲良くするには、明るい言葉を使い、発するようにするのがおすすめです。

明るい言葉とは、気分が明るくなる言葉、肯定的な言葉。


気分が明るくなる言葉とは、エネルギーが上がる言葉。たとえば、次のような言葉です。


「うれしい〜」

「楽しい〜」

「美味しい〜」

「面白〜い」

「幸せ〜」

現状や相手を認めたり、褒めたりする肯定的な言葉もおすすめです。
たとえば、次のようなものがあります。

「いいね」
「そうだね」
「なるほど」
「大丈夫」
「素晴らしい」

こうした言葉を口に（声に）出して、あるいは心のなかで言っていくといいでしょう。

言葉と心と体はつながっています。
肯定的な言葉を使うと、それだけで心も明るく前向きになり、元気も出ます。エネルギーも上がって、気分も表情も明るく軽くなりますよ。

自分が明るく軽くなって、気分もエネルギーも上がるので、それで充分なのですが、目の前やまわりに人がいる場合は、その人たちやその場も明るく軽くなって、エネルギーも上がります。

この10の言葉を参考にしながら、明るい言葉を数多く使って習慣にしていくといいですよ。

言葉は、いつでもどこでも贈ることのできるプレゼント。

自分やまわりの人たちに（人以外のものにも）、明るく温かい言葉のプレゼントをしていくと、明るく軽く運ばれやすくなります。

ほかにも大切な明るい言葉があります。

それは、あいさつです。

「こんにちは」
「おはようございます」
「こんばんは」

GOOD
MORNING
おはよう
ございます

「はじめまして」
「お久しぶりです」
「よろしくお願いします」
「いただきます」
「ごちそうさまでした」
「ありがとうございました」
「さようなら」
「おやすみなさい」

あいさつは、合いさつ。目を合わせて、言葉を交わすことで、心が合います。節目で交わすのもあいさつ。節目というのは、はじめとおわりです。

はじめに心を合わせることで、そこからの交流が心の通い合うものとなります。おわりにまた心を合わせることで、そこまでの交流に区切りをつけ、次の機会につながることへと心を合わせる。そんな作用と効果があいさつにはあります。

息が合っていることを**阿吽の呼吸**と言いますが、阿吽とははじめとおわりのこと。あい

さようなら

さつは、阿吽の呼吸のように、はじめとおわりにお互いの呼吸と心を合わせるものでもあるのかもしれません。呼吸が合うとリズムも合うようになります。リズムは、運ばれるうえでとても大事な要素です。

あいさつは、リズムも合わせて運ばれやすくしてくれる、つまり、運と仲良くする明るい言葉なんですね。

「明」という字は「日」と「月」を合わせてできていますが、日は昼間に、月は夜に、この世界を明るく照らしてくれる存在です。

心を合わせるあいさつをするときも明るく言うことが大切です。明るく快活なあいさつは、お互い気持ちのいいものですよね。

あいさつは、人との関わりのなかで、つまり、人とのご縁のなかでラクに楽しく和やかに運ばれるためには、とても重要なものになります。

10の言葉もあいさつも、明るく使って、明るく軽く運ばれていきましょう。

NARUMI

明るいことばを発する人のまわりには、明るい人が集まる

からだと、ことばと、こころはつながっています。

だから、第12条で紹介した方法で「からだ」から明るい状態をつくると、ことばも、こころも自然に明るくなっていることに気づきます。ということは、**ことばを明るくすることで、からだとこころも明るくなる**。

亮さんが紹介してくれた「10のことば」や、「あいさつ」を使っているだけで、人生が明るく、軽く運ばれていくことは、簡単にイメージできるでしょう。

前述の帯津良一先生によると、ぼくたちは皆、なんらかの**「場」**に身を置いていて、自然治癒力も「場」の影響を大きく受けているのだそうです。

物理学においての「場」とは、ある空間に物理量が連続して分布するときの状態のことで、物理量が電気なら「電場」、磁気なら「磁場」となります。

電場と磁場は関係し合って「電磁場」を形成し、現在の文明の基礎をつくっています。

一方で、ぼくたちはそれぞれ、家庭や学校、職場、地域といった「場」に身を置いている存在でもあります。

もう少し範囲を広げると、それは、国家、自然、地球、宇宙といった「場」へとつながり、そういった「場」のなかを、常に移動しているのが「自分」ということになります。

帯津先生は、こうした概念から「自然治癒力に到達する近道は、できるだけ自然治癒力を高める場に身を置くこと」と言っているわけですね。

では、**「自然治癒力を高める場」**とは、どこでしょうか?

そこに身を置いているだけで、心身が、明るく、軽く、温かくなる「場」。

からだと、ことばと、こころはつながっている、という法則から考えると、明るくて、軽くて、温かいことばが飛び交っている「場」に身を置くことが、自然治癒力への近道ということになります。

では、「温かいことばが飛び交っている場」は、どこでしょう?

おめでたいパーティ会場や、祝賀会なども楽しそうですが、**手っ取り早いのは、自分自身が明るい言葉を発することで、その場を明るくしてしまうこと**じゃないでしょうか。

自分が身を置く「場」は、自分が発する「ことば」で創造できるんです。

20年ほど前、ある社長さんから「会社を明るくする3つの行動」を教えてもらいました。

・社員さんより30分前に出社する。
・毎朝トイレ掃除をする。
・呼ばれたら、大きな声で「はい！」と返事をする。

実際にやってみると、本当にまわりが明るく見えてきました。

特に「はい！」と明るく返事をしたあとは、相手の声も明るくなって返ってきます。ここに、明るい「あいさつ（合いさつ）」が加われば、もう最強！　自然治癒力が多い職「場」のできあがりです。


明るいことばを発する人のまわりには、明るい人が集まる。

これを「類は類を呼び、友は友を呼ぶ」法則と言います。

略して「ルイルイの法則」。

片方の腕を伸ばして、手のひらを相手に向けたまま、軽く上下に振りながらこの法則を唱えても、その場は明るくなりますよ（注／昭和歌謡に精通している「場」に限られます）。

第14条

ゆるむ

TAKASHIMA

本当の無敵とは、誰のことも敵と見ないこと

水に浮かぶには、体の力を抜くこと、ゆるむことが大切です。

流れに乗るときも、運ばれるときも同じ。リラックスすること、ゆるむことが大切です。リラックスして流れに身をまかせると、ゴムボートが川の上を流れていくようにスムーズに運ばれます。流れに逆らって、自分の力でがんばって漕いでもいいけれど、流れにまかせたほうがラクに楽しく運ばれます。

ボートに乗るときには、ぼーっとしているくらいのゆるみ方がいいですね。

なかでもゴムボートは最強です。いえ、最共です。
ゴムボート、つまり、五無ぼーっとで、次の5つの無が備わっています。

・くらべない（無比）
・たたかわない（無戦）
・あらそわない（無争）
・がんばらない（無頑）
・こばまない（無拒）

この五無でぼーっとリラックスしながら流れに乗っていくと、誰かや何かとぶつかって戦う必要もありません。

敵を生まないので無敵です。

敵は自分が生み出すもの。人やまわりの状況に対して、自分が敵と見たときにはじめて敵が生まれます。逆に、自分が敵と思わなければ、どんな人も状況も敵にはなりません。

本当の無敵とは、誰にも負けないことではなく、誰のことも敵と見ないことです。

味方も同じです。自分の側に立ってくれる人だからとか、自分に有利にはたらく状況だから味方なのではなく、自分が味方と思ったときに味方は生まれるんです。

運も同じです。

「なんて自分はツイてないんだ」「なんでこんなに運が悪いんだ」と運ばれ方を敵と見たら、運はその瞬間に敵になってしまいます。

「なんて自分は恵まれているんだろう」「運が良くてありがたいなあ」と運ばれ方に対して自分が味方と見れば、運もちゃんと味方になってくれます。

敵と見るというのは、否定すること。

起きる出来事やまわりの状況や目の前の人を、そんなのイヤだと拒んで、打ち消して、排除しようとすることです。

味方をするというのは、肯定すること。

起きる出来事やまわりの状況や目の前の人を、「そうなんだね」と認めて、見留めて、受け止めることです。

人は、自分の許容範囲に入らないと否定し、許容範囲に入れば肯定します。認めることができず否定するとき、それを問題と呼びます。認めて受け入れて肯定できれば、問題は生まれないんです。

人や状況そのものが問題なのではありません。自分が受け入れないか受け入れるかで、問題になるかならないかが決まります。

多くの場合、許容範囲に入らない人や物事を許容範囲に入るようにさせようとします。戦って相手を変えようとしたり、がんばって思い通りに動かそうとしたりします。でも、相手には相手の事情や思いがあるので、なかなかこちらの許容範囲には入ってくれません。

これではまだ足りないということで、さらに戦ってがんばります。でも、思い通りになってくれません。がんばっている**「のに」**思い通りにならないと感じますが、実は、がんばっている**「から」**思い通りにならないんですけどね。

がんばって力が入りすぎると、硬くなります。**頑なは、硬くな。**自分も相手も大変です。それでも頑なにがんばるという手もありますが、別の方法もあります。

それは、ゆるむこと。

自分がゆるんで許容範囲を広げることができれば、相手がそのままで変わらなくても許容範囲に入ることになります。**「ゆるむ」は「ゆるす」と**（語源的にも）**つながっている**ので、ゆるむと許容できるわけです。

認めて受け入れることができるので、問題ではなくなります。自分がラクになります。起きる出来事やまわりの状況や関わる人を受け入れているということですから、ラクに運ばれることになります。運の味方をして、運と仲良くしている状態ですね。

ゆるんで許容範囲が広がると、心は穏やかに、落ち着いて、楽しくて、ワクワクして、安心して、安らぎます。明るく軽い心の状態と言ってもいいでしょう。

心と体はつながっていますから、心がゆるむと体もゆるみ、体がゆるむと心もゆるむという循環になります。

体をゆるめるのに良い方法が、**「わかめ体操」**と**「陰だ陽～ダンス」**です。

わかめ体操は、周平さんが紹介しているゆるゆるな体操で、海の波にゆられるわかめのように体をゆ～らゆらさせます。乾燥わかめじゃなくて、柔らかくてふにゃふにゃなわかめになるのがポイントですね（147ページ参照）。

陰だ陽〜ダンスは、「陰でも陽でもいいんだよう〜」のフレーズに歌と踊りが加わったもの。歌はカンタン。抑揚なくゆったりと歌います。ダンスもカンタン。肩幅に足を開いて両手をだらんと下げ、歌に合わせて上半身を左右にゆったりゆらすだけ。

いいんだ（右にゆれる）よう〜♪（左にゆれる）
いいんだ（右にゆれる）よう〜♪（左にゆれる）
陰でも（右にゆれる）陽でも♪（左にゆれる）
いいんだ（右にゆれる）よう〜♪（左にゆれる）

わかりますか？　紙面でお伝えするのはなかなか難しいですが、ゆるい歌とダンスですので、適当にゆれてみてください。体も心も、ゆれることがあってもいいんだよう〜。

ゆるむ、ゆるす、ゆれる、ゆらゆら、ゆったり、ゆるゆる。

温かいお風呂につかってゆるむように、ゆらゆらゆるゆるゆれながら、許容範囲を広げて運と仲良く楽しんでいきましょう。

NARUMI

ゆるゆるになれる「わかめ体操」

「ゆるむと、ゆるすは、語源的にもつながっている」

だから、からだをゆるめると、ことばも、こころも、ゆるゆるにゆるんで、亮さんのように、なんでも許してしまえるような、ゆる〜い人になれるんですね。

亮さんが**「陰だ陽〜ダンス」**を紹介してくれたので、ぼくからは、これまたゆるゆるになる**「わかめ体操」**を紹介したいと思います。

次のページを参照してやってみてください。

動く瞑想法ともいわれる「わかめ体操」を考案した新体道創始者の青木宏之先生は、大学へ入ってから体力づくりのために始めた空手で、あっという間に流派最高段位へと推挙されるまでになったという逸話を持つ伝説の武道家。

その飛躍的な伸びの理由は、師匠から授かった「からだからムダな力を抜くこと」「瞑想によって無の状態になること」という2つの教えを実践し続けたことだったそうです。

わかめ体操

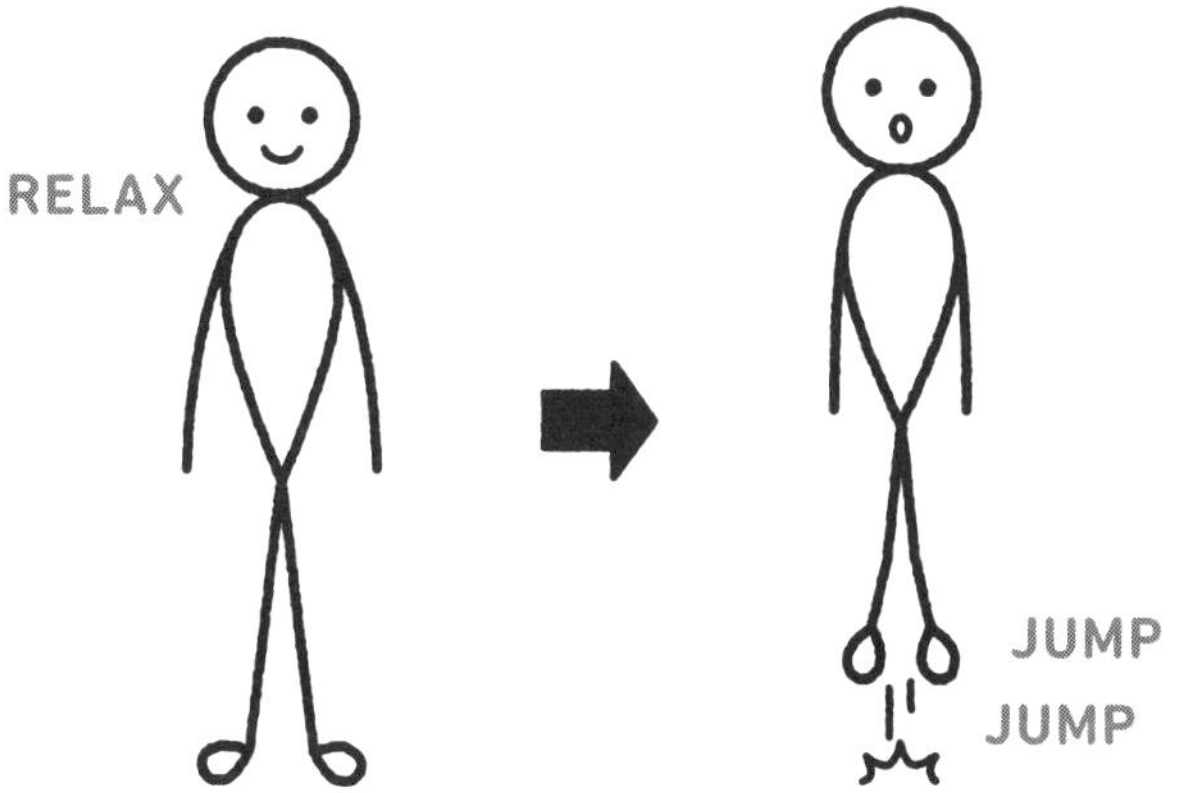

1 足を肩幅くらいに広げて立ちます。肩の力を抜いて、その場で数回ジャンプ。飛ぶごとに、からだの力みがほぐれていくようなイメージです。

2 からだの力みがほぐれたら、そのままさらにリラックス。膝を自然な状態に軽く曲げて、海のなかでゆらゆらゆれている「わかめ」になった気持ちで、ゆっくり、ゆらゆら動きます。

3 コツは、あまり考えず適当にやること。心地よさを感じるままに行ってください。飽きたら、いつやめてもＯＫです。

力みのない、リラックスしている（ゆるんでいる）状態は、こころとからだのパフォーマンスも存分に引き出してくれるということですね。

お話会などで「わかめ体操」を紹介すると、皆さんとてもゆるんで明るい顔になります。なかには、こんな報告をしてくださった方もいらっしゃいました。

「満員電車のなかで吊り革につかまりながら、なんとなく、わかめ体操をしていたら、自然にまわりから人がいなくなって、到着までとても快適に乗ることができました。しかも、私の前に座っていた方がなぜか席を譲ってくれて、混んでいる電車内でも、ゆったり座ることができたんです！　わかめ体操って、ほんと、スゴいですね」

……あなたも、かなりスゴいです。

ゆるみ過ぎると、このような境地に達するのかもしれません。

第15条 「ありがとう」「おめでとう」と言う

TAKASHIMA

「ありがとう」は運と仲良くなる言葉

「ありがとう」、言っていますか。

ありがとうは、言うまでもなく感謝を表す言葉です。

誰かに何かをしてもらったとき、誰かのおかげで助かったとき、その人に向かって言う「ありがとう」。

特定の誰かにではないけれど、自分は恵まれている、おかげさまでスムーズに運ばれていると感じたときに出てくる「ありがとう」。
おかげに対する喜びと感謝が言葉となって表れたものが、「ありがとう」です。
喜びと感謝の言葉ですから、良かったと感じているということでもあります。

つまり、ありがとうと言うこと自体が、運が良かったという表明になっているわけです。だから、「ありがとう」は運と仲良くなる言葉なんです。

何かをしてもらったときにありがとうと相手にちゃんと伝えると、また何かをしてもらえるかもしれません。人からありがとうと喜ばれたら、その人にまた何かをしてあげたくなるでしょう。ありがとうと言う人には、またありがとうと言いたくなることがもたらされやすくなるんです。

「ありがとう」とおかげを喜び、おかげさまと感謝することによって、おかげがまた味方をしてくれて運ばれる。また運と仲良くなるということです。

「ありがとう」は、何かをしてもらったり特別なものが得られたりしたときに言うのが普通ですが、特別なことがなくても言えます。

前述のように、ありがとうは有り難い、あることが難しい、つまり、めったにないというのがもともとの由来。めったにないから価値があるということですね。

その反対は、「あたりまえ」。いつもあるので当然（当前）なのが、あたりまえ。

でも、あたりまえに見えることも、よく考えてみると、よく見てみると、あたりまえではないことに気づきます。

今の状況は、そこに至るまでの出来事の何か1つでも欠けていたら、少しでも何かのタイミングがズレていたら、関わる人が誰か1人でも欠けていたら、その状況にはなっていないでしょう。今のあたりまえに見える状況も、ものすごい確率の上に、つまり、めったにない確率のもとに成り立っているということです。

普通に歩けることや動けることも、普段はあたりまえにしか感じませんが、病気やケガをすると、それがあたりまえではなかったことに気づくでしょう。

あたりまえのようにあるものも、失ってはじめて、あたりまえではなかったことがわかります。

どんなことも同じです。あたりまえに見えることも、そうやって見ることができれば有り難いことだということが感じられるようになるでしょう。

あたりまえがありがたい。

そういう見方ができれば、それを忘れなければ、無数のありがたいことがすでにあることに気づくでしょう。いつでもどこでもありがとうとなるはずです。

でも実際は、忘れるでしょう。日々いろいろなことが起こり、日々いろいろなことで忙しいですからね。そして、あたりまえはあたりまえという見方をずーっとしてきたわけですから、めったにないという見方はなかなかできないものです。

でも、それでもいいんです。

「あたりまえがありがたい」を思い出したら、「ありがとう」と言えばいいんです。

声に出して言うもよし、つぶやくもよし、心のなかで言うもよし。

とにかく、毎日のなかでの「ありがとう」を増やしていく。ありがたさを感じながら、ありがたさに浸りながら、毎日を生きる。

たくさん言うほどありがとうに浸ることができるので、「ありがとう、ありがとう、ありがとう……」と繰り返し唱えます。自分だけが聞こえるくらいの声でつぶやくように繰り返すのでもかまいません。

何かをしながらでも、歩きながらでもＯＫです。ぶつぶつと毎日つぶやいていくと、ありがとうの感性も高まって、おかげもますますいただけるようになって、ラクに楽しく和やかに運ばれますよ。

もう１つ、口にするクセをつけるといいのが、「おめでとう」という言葉です。

「おめでとう」、言っていますか。

おめでとうは、お祝いの言葉です。

「めでたい」は「愛でたい」。人の喜びをともに喜び、祝うときに言う言葉ですね。

自分の発したものは返ってきますから、人の喜びを喜ぶと、喜びが返ってきます。自分が喜んでいるときに一緒に喜んでもらえます。

喜ぶ人は、喜ばれる。喜ばない人は、喜ばれない。

応援する人は、応援される。応援しない人は、応援されない。
お祝いする人は、お祝いされる。お祝いしない人は、お祝いされない。

発したものが返ってきて、発したものに囲まれるようになっていますから、人の喜びをともに喜ぶと、自分の喜びも人から喜んでもらいやすくなります。

「おめでとう」を発すると、「おめでとう」が返ってきて「おめでとう」に囲まれる。「おめでとう」と言って人の喜びを喜び祝うことも、喜び上手の1つに加えておくといいでしょう。他人事も喜べるのが、喜び上手の上段者です。

自分事を喜ぶときも「おめでとう」と自分自身に言ってあげましょう。

自分事をおめでとうとお祝いできると、他人事もお祝いしてあげやすくなります。「ありがとう」と「おめでとう」を口にするクセをつけ、感謝とお祝いの言葉を発して、感謝と喜びに囲まれながら運ばれる毎日を楽しんではいかがでしょう。

NARUMI

「有り難い」確率で、ぼくたちは、今、ここに存在している

「ありがとうは有り難い、あることが難しい、つまり、めったにないというのがもともとの由来。今のあたりまえに見える状況も、ものすごい確率の上に、つまり、めったにない確率のもとに成り立っているということです」

亮さんのこのことばを裏づける「確率論」について、HADO（波動）研究の第一人者である山梨浩利さんから伺ったことがあります。

複数のサイコロを振って「1」のゾロ目が出る確率

・サイコロ2個のとき　36分の1
・サイコロ3個のとき　216分の1
・サイコロ4個のとき　1296分の1
・サイコロ5個のとき　7776分の1
・年末ジャンボ1等7億円が当たる確率　約2000万分の1

・それが連続で当たる確率　400兆分の1
・精子の群れと卵子が交わる確率　3億分の1
・受精してこの世に誕生する確率　1400兆分の1
・父と母が出会ってあなたが生まれてくる確率　4垓《がい》2000京《けい》分の1

京は兆の1万倍で、垓は京の1万倍。

ぼくたちは、宝くじの1等が連続して当たる確率も比べものにならないほどの確率で、地球に誕生してきたというわけです。さらに、宇宙的な観点からも見てみると……。

・原始地球の大気は猛毒の硫化水素であふれ、マグマの海で覆われていた。
・大気中の水蒸気が雨となり、そこに含まれていた二酸化炭素（CO_2）によって有機の基本となる「C」が生まれた。
・紫外線や雷（電気）による化学反応によってアミノ酸が形成されたことが、生命誕生のきっかけとなった。

「そもそも大気は、微生物や植物の起源となるシアノバクテリア、光合成細菌が誕生して、水と二酸化炭素から酸素が生成されたことからできたもので、地球を構成する珪素やケイ酸、硫黄、窒素、水素、酸素など宇宙に漂うランダムな気体や元素もまた、もとはカオスな状態だったことが想像できます。

宇宙から降り注ぐ有害な放射能が、ヴァン・アレン帯という電離層によってカットされていることや、宇宙線や太陽光などで形成された電離層によって地表が共振していること（シューマン波）、0〜100度で液体を保つ『水』という存在が地球を恒温化して、生命体が生きる環境をつくってくれていること、などなど……少し挙げただけでも、地球に生命が誕生する確率自体が限りなく0％であり、絶対に起こることのない奇跡が『生命誕生』ということなのです」（山梨浩利さん談）

こんなにも「有り難い」確率で、ぼくたちは、今、ここに存在しているんですね。

さらに、筑波大学名誉教授の故・村上和雄先生は次のように述べています。

「1つの命が生まれる確率は、1億円の宝くじが100万回連続して当たることに匹敵する。それは、部品をバラバラにした時計を箱に入れたあと、シャッフルをして組み上げるようなもの」

うーん、あらためて、「極めて有り難い確率」です。

そんな奇跡のような、たくさんの「ありがたい」に囲まれているぼくたちは、同じく奇跡のような「有り難い」確率で存在している「愛でたい」人たちとのご縁のなかで毎日の地球生活を営んでいます。

「ありがとう」「おめでとう」という感謝とお祝いのことばは、そんな素敵な関係性を再認識させてくれる言霊なんですね。

「ありがとう」「おめでとう」に囲まれて、楽しく、軽やかに運ばれるためにも「ありがとう」「おめでとう」を口ぐせにしたいものです。

1つの命の誕生は1億円の宝くじが100万回連続で当たる確率と同じ

第16条 次いってみよー

TAKASHIMA

悟りとは肯定。悩みとは否定

１９６９年にスタートし、８００回を超えるオンエアを記録した『8時だヨ！全員集合』という人気テレビ番組がありました。ザ・ドリフターズ（ドリフ）のお笑いバラエティ公開番組で、今も語り継がれる数々のヒットネタを生み出しました。

ドリフのコントでは、たびたびズッコケる場面があり、その都度笑いが沸き起こります。そして、チョーさんこといかりや長介さんが**「ダメだこりゃ」**と言うと、また会場中が笑いに包まれる。そんな光景が毎週繰り広げられたのでした。

この「ダメだこりゃ」と並ぶ、チョーさんおなじみの決めゼリフがあります。

「次いってみよー」

このかけ声でBGMが流れ、場面やセットが転換し、次のコーナーに進むんですが、この決めゼリフは、日常の生活のなかでも使えます。とても役に立ちます。

うまくいかないとき、思い通りにならないとき、予定通りに進まないとき、それは必ずしも悪いということではありません。

起きる出来事自体に良し悪しはないというのは、何度もお伝えしてきた通り。その出来事をどう見るかどうとらえるか、肯定するのか否定するのかによって、自分の感じ方が変わり（決まり）ます。

なんでうまくいかないの、なんでこんな目に遭わなきゃいけないのと文句を言っているばかりでは、事態も変わらないし、悩みや苦しみもなくなりません。運が悪いと嘆き、人や自分を責め続けてしまいます。

そんなときは、まず「ダメだこりゃ」と言って、うまくいかない状況や思い通りにならら

ない現実を見て、認める。目の前の状況をひとまず肯定する（受け入れる）。

次に、「次いってみよー」と言って、次の方向に目を向けて切り替える。


そして、「じゃあどうしたらいいかな」と考えて、「こうしよう（こうしてみよう）」と具体的に考えて動く。やってみる。

動いてみてうまくいけばそれでOKですし、うまくいかなければまた、「ダメだこりゃ」「次いってみよー」から「じゃあどうする？」「こうする」と繰り返す。

そうすれば、文句を言い続けたり悩み続けたり運が悪いと嘆き続けたりする必要はなくなります。そんなことをしているヒマがありませんから。


ちなみに、「ドリフターズ」とは「放浪する者、根なし草」という意味だそうです。

似た言葉に、「バガボンド」があります。井上雄彦さんの人気漫画『バガボンド』のタイトルにもなっていますが、やはり「放浪者」という意味。

「バガボンド」につながる人気漫画がもう1つあります。赤塚不二夫さんのナンセンス漫画、『天才バカボン』です。

「バカボン」の名前の由来について、赤塚さんは、「主人公がバカなボンボンだから」という説と「バガボンドのように自由な主人公にしたかったから」という説を話していたそうですが、実は、もう1つの由来もあるらしい。

「バカボン」とはサンスクリット語（古いインドの言語）の「バガヴァン」で、「悟った者、目覚めた者」という意味。漢字では「婆伽梵」と書くそうです。

もしそうだとすると、バカボンはバカなどころか悟っているということになりますね。


悟った人というと、すべてのことがわかっていて、何があっても心はゆれず、静かに澄ましているというようなイメージがあるかもしれません。厳しい修行をして真理を会得しなければ悟れないとすると、普通の人には難しいですね。

でも、心の迷いがない人を悟った人と呼び、悩みや問題がない状態を悟りと言うとすれば、それほど難しくはありません。

では、悟るにはどうすればいいか。


悟るには、肯定すればいい。

それだけ⁉

はい、それだけよ。

肯定すると、問題も悩みもなくなります。

問題や悩みというのは、自分の置かれた状況自体にはありません。その状況であるという事実があるだけです。その状況を自分が受け入れられないとき、つまり、自分がその状況を否定しているときに問題や悩みとして感じるというようになっています。

逆に言うと、どんな状況に置かれても、もし自分が肯定できさえすれば、問題や悩みと感じることはないということ。問題も悩みも生まれない。問題も悩みもなくなるんです。

それって、悟った状態じゃありませんか。

悟りとは肯定。

悩みとは否定。

カンタンと言えば簡単でしょう。カンタン過ぎて、感嘆してしまいますね。

この真理（かもしれない見方）を示しているのが、本来の主人公であるはずのバカボンよりも主人公らしくなってしまったバカボンのパパのセリフです。

「これでいいのだ」

これって、肯定そのものじゃありませんか。
バカボンパパはこのセリフを何かにつけて口にします。それじゃダメだろうというときにも、能天気に「これでいいのだ」。どんな状況に置かれても、それを肯定するのがバカボンパパ。まさに、悟った人です。
実際、「これでいいのだ」と言ったあと、バカボンパパは悩むこともなく、悩み続けることもなく、淡々と、「あっ軽く（明るく）」次の行動に移ります。

「ダメだこりゃ」も同じです。

一見するとダメと否定しているように見えますが、うまくいかないその状況を認めている肯定の言葉なんです。
認められず否定すると、「なんで」「どうして」という不満や文句になります。思い通りにならないことにとらわれて、悩み続けることになります。

でも、今はうまくいかないんだなと認めて、「ダメだこりゃ」と肯定すると、とらわれを手放して次に向かうことができます。

悩みの根っこを「なんで」「どうして」といつまでもつかんで苦しむよりも、その手を放して次に行けばいいんじゃないでしょうか。根なし草のように。


婆伽梵とバガボンドとドリフターズ。「これでいいのだ」と「ダメだこりゃ」。


放浪する者も悟った者も、根なし草も目覚めた人も、起きる出来事や流れを認めて受け入れるので、とらわれることがありません。こだわってそこにとどまり続けることもありません。肯定すれば問題も生まれず、悩み続けなくて済みます。

そして、「次いってみよー」で見る方向を変え、軽く明るく運ばれていくのでした。

ドリフターズのように笑いとともに、「ダメだこりゃ」「次いってみよー」で運ばれてみてはいかがでしょう。

NARUMI

としこさんの法則

「次いってみよー」

この言葉を見て、ヒーリングの師匠がよく言っていた**「発想即行動」**を想い出しました。

「明るい気持ちで、想ったことを素直にやればいい。想ったことをすぐに実行に移せば、その人はもう、宇宙の流れに乗っているんです」

宇宙の流れに乗る、つまり「運ばれている」ことに気づくためにも、想ったことをすぐに実行する「次いってみよー」という言霊が大切なようです。

20代の頃に通っていた気功の教室で、「気功の極意」なるものを教えてもらいました。

〈ことし も あすか〉

この言葉が、そのまま気功の極意なのだそうです。

・こ～こだわらない
・と～とらわれない
・し～しばられない

も は、副助詞。

・あ～あかるく
・す～すなおに
・か～感謝して

日々起こるさまざまな出来事に、こだわらず、とらわれず、しばられずに、明るく、素直に、感謝していられたら、いつでも「次いってみよー」という心境でいられるのではないでしょうか。

この「気功の極意」をお話会などでもよく紹介するのですが、そのままではオリジナリティがないので、ぼくは**「としこさんの法則」**と改名してお伝えしています。

・と～とらわれない
・し～しばられない
・こ～こだわらない

「ただ、並べ替えただけじゃないの？」というご意見もあるかと思いますが、そのようなことにも、とらわれない、こだわらない。

最後に、この「としこさん」にまつわる、ちょっと怖い話を紹介して終わりましょう。

ある日、社会人になったばかりの青年が、母親に自分の通帳を見せながら言いました。

（青年）「……母さん、なんだか気味が悪いんだけどさ、最近、俺の通帳に知らない人から振り込みがあったんだよ。それも、25円……半年前にも、同じくらいの金額が振り込まれてて……でさ、2回とも同じ人なんだよね。俺、なんか怖くて……この『としこ』って人、母さん知ってる？」

（母）「こ、これは……お、おまえ……利子《りし》って読むんだよ……」

さあ、次いってみよー！

第17条 笑う

笑う人は、笑顔の花を咲かせながら流れに乗る人

TAKASHIMA

「次いってみよー」は、笑いにもつながります。

笑いとは、肯定です。

笑いが起きるのは、その話やその状況が受け入れられたとき。受け入れられないときには、笑いは起きないものです。

つまらないダジャレでは笑えません。受け入れられないから、肯定できないから、笑えない。面白いとは認められないから、笑えないんです。その気持ちはよくわかります。

笑いが起きたら、それがたとえ失笑だとしても、受け入れられたということです。「しょーもなー」とあきれながらも笑ってもらえたということは、あきれながらも肯定してもらえたということなんです。

自分が笑うときも同じです。
面白いから笑う。受け入れたから笑う。肯定できるから笑う。
もちろんそれでいいのですが、笑いと肯定はつながっていますから、逆もありです。

笑うと面白くなる。笑うと受け入れることができる。笑うと肯定できる。

肯定は問題の根本的な解消法ですから、笑いは悩みや問題をクリアしてくれます。少なくとも笑っている間は問題も悩みもなくなります。肯定と否定は同居できないからです。
問題も悩みもない（感じない）ということは、運と仲良くできているということでもあるんじゃないでしょうか。

聖徳太子が定めたとされる十七条憲法は、次の有名な第一条から始まります。

「和を以て貴しと為し　忤う事なきを宗とせよ」（和を大切にして、争うことのないようにしなさい）

笑うことは肯定すること。肯定するとは和すること。

笑いは和来（わらい）。和来和来はワクワク。

笑うと和が来て和が生まれ、ワクワク明るく軽くなる。


笑いは意外性からも生まれます。

予想通りのことが起きたり、予想通りの言葉を聞いたりしたときは、特に笑ったりはしないでしょう。思ってもみなかったことが起きたり、「そうくるかー」という予想外の言葉を聞いたりしたときに、思わず笑いが込み上げてくるんじゃないでしょうか。

正確に言うと、予想外のことや意外性を自分が受け入れられたとき、肯定できたときに笑いが生まれるようになっています。

想定外を肯定できたときの表れが、笑いなんです。

想定外のことが起きたときや思い通りにいかないときには、2通りの道があります。

1つは、不満や文句を言ったり、落ち込んだり悩んだりする否定の道。
もう1つは、その事態や状況を受け入れて、笑いに変える肯定の道。

うまくいかないときやトラブルが起きたときに、否定的にとらえると、「悪いことが起きた」「ひどい目に遭った」ということになってしまいます。不満や文句、怒りや落ち込みや悩みにつながります。

でも、想定外のことやトラブルが起きたときに、それを肯定的にとらえられたら、「そうきたかー、面白いな」「これは（あとで）ネタになるかもしれない」と受け取ることができます。

「次いってみよー」がしやすくなるし、笑いに変えることすら可能になります。

トラブルも、ネタの元。

せっかくそんなことが起きてくれたんですから、ネタにして笑ってみてはどうでしょう。どんなときでも笑おうと思えば笑えるのですから、毎日のなかで笑いを増やしていくといいと思います。

爆笑も笑い、ニッコリも笑い。大声を上げて笑うのも笑い、静かに微笑むのも笑い。

あえて笑いと笑みを分けるとすれば、笑いは口を開けて声を出して笑うことで、笑みは口を開けずに声を出さずににこやかな表情をすること、という区別になるでしょうか。笑う（わらう）の語源は、わる（割る）。口を開けて笑うさまを、口を割ると表現したのでしょう。割るは割く（さく）なので、咲くにもつながります。花が咲くとは、花が割れてパカーンと開くこと。

「笑う」と「咲く」はつながっている。

漢字でも、「咲」という字はもともとは「笑」だったそうです。
漢字でも日本語でも、笑うとは咲くことなんですね。
笑顔の花が咲くと言いますが、花が開くように口を開けて笑う、そのさまはまさに花が咲くがごとしということです。

話は変わって、ジョーカーは、トランプでは特別なカードです。

使われないこともありますが、ゲームによっては、場面によっては、最高位の切り札にもなります。場を一変させる力を持っていると言ってもいいでしょう。

ジョーカーとは、ジョークを言う人。joke（ジョーク）＋er（～をする人）で、jokerです。

ピエロの絵で描かれることも多く、道化師の名の通り、おどけて（お道化て）人を笑わせます。

ジョークや冗談を言って状況を笑いに変えると、場が一変します。ジョークや冗談やダジャレを言って笑いを誘う（巻き起こす）人は、最高位の切り札にもなり得ます。

・冗談を言って明るく軽く生きる生き方は、上段者の生き方。
・ダジャレを言ってシャレを楽しむ生き方は、お洒落な生き方。
・明るく軽く笑うと、笑顔のflower（花）が咲きます。
・流れに乗る生き方をする人は、flow（流れ）＋er（人）でflower。

笑う人は、笑顔の花を咲かせながら流れに乗る人なんですね。

楽しいときや面白いときは、大いに笑う。トラブルも、ネタだと思えたら笑える。見方を広げてジョークや冗談でとらえて、軽く明るく笑う。

どんなときも、何があっても、何もなくても、笑って肯定してこちらが味方をすれば、人も運ばれ方も味方になってくれます。それをいつも続けていくと、やがて運が良いとか悪いとかも気にならなくなるでしょう。

運と仲良くして、運ばれ方の味方になって運と和すると、運の良し悪しも忘れます。そして、毎日をラクに楽しく和やかに味わうことができるようになります。

そのとき、本当の意味で、運のミカタが見つかったということになるのかもしれません。

FLOWERS
OF SMILES
笑顔の花を
咲かせよう

NARUMI

よく笑っている人は、いつも祓《はら》われている人

亮さんが、いつも全力でダジャレを言っている理由が、よくわかりました。

あらためて、**「笑い」**って、大切ですね。

同じ状況でも、そのことをトラブルととらえるか、「笑い」のネタととらえるかによって、その後の展開も大きく変わってくるように思います。


息子が小学生のときのこと。

居酒屋さんでじっくりとメニューを見つめながら「この、若鶏の……下半身揚げください！」と、まわりによく響く声で注文したことを、ぼくは笑いのネタとしてとらえましたが（正しくは、半身揚げ）、品行方正なご家庭だったら「な、なんて、はしたない！」と思っていたのかもしれません。

参観日では、張り切って「はい！　はい！」と、手を挙げたままではいいものの「はい！　じゃあ、元気な鳴海くん」と先生に言われた途端「はい！　わかりません！」と、わからないということが、わかったことを大声で発表し、先生が思わず吹き出しそうになっていたことも、ぼくにとっては、笑いのネタ以外のなにものでもありませんでした。

そんなふうに、たいていのことは「笑い」のネタにしてしまうような家庭だったおかげか、息子の夢は「健康で、のんびり暮らすこと」という、これまたぼくの理想とする生き方を共有してくれるような大人になりました。

「笑い」って、大切ですね。


7歳下の弟が、これまた小学生のときのこと。

当時、流行っていた「フラワーロック」という、音に反応して踊る花のおもちゃがあったのですが、それが、なぜか親戚の法事の場で、お経を読み上げているお坊さんの、すぐ近くに置いてあるではありませんか。

お坊さんがお経を読みはじめると、当然、このおもちゃはロックを踊り出すわけです（そういうおもちゃですから）。

声に抑揚のある箇所では、さらに踊りが激しくなり、木魚を叩いているときは超ノリノリになって、締めの鈴《りん》のときなんかは、もう「決まったぜ！」と、言っているようにしか見えない（そういうおもちゃですから！）。

親戚一同も、笑いをこらえるのに必死だったと思いますが、退屈な時間を少しでも楽しく過ごそうという弟のアイデアを、ぼくは思いっきり褒めてあげました。

一部の生真面目な親戚からは、どう思われていたかわかりませんが、笑いのネタとしてとらえたおかげで、弟とぼくの信頼関係は、永続しているわけです。

「笑い」って、やっぱり大切です。

King Gnu（キングヌー）の『白日』という名曲を、どこぞのおばさまたちが「あの曲いいわよねぇ……『白目』だっけ？」と会話していたことを、ぼくは笑わせていただきましたが、King Gnu ファンだったら怒ってしまったかもしれません。

鹿児島のお土産屋さんで、サラリーマン風の先輩と後輩が「先輩、この鹿児島名物カルカンって、美味しいんですか？」「おう！　それ、猫もすっごく好きなやつ」という会話を交わしていたときも、ぼくは笑わせていただきましたが、もし猫だったら怒っていたかもしれません。

「笑う」と「祓《はら》う」は、語源が同じという説があります。

だから、よく笑っている人は、いつも祓われている人でもあります。

ある著名なセラピストが、「笑いながら、深刻な相談にくる人はいません」と言っていましたが、笑っていると、さまざまなものが祓われてしまうのかもしれませんね。
お話会では、笑い過ぎて守護霊まで祓われてしまったんじゃないかと思う人もいますが(笑)、笑いに副作用は確認されていませんのでご安心ください。

ところで、亮さんのパートの最後の1行、お気づきになりましたか？

「運のミカタが、見つかった（ミッカッタ）」

亮さんの渾身の一撃で「笑顔の花」が咲いていることをこころより願って、ペンをおきたいと思います。

おわりに

新しい「運のミカタ（見方）」は、見つかったでしょうか？

運を開くとか、運を良くするという方法については、ほとんど触れていないかのような本書ですが、**「運というのは、運ばれ方のことで、見方によって常に味方でいてくれるもの」**というのが、亮さんとぼくの共通の考え方です。

そして**「運と仲良くするには、ゆるんでいることが大切」**という共通の観点から、からだと、ことばと、こころが、ゆるゆるになる方法を「うん、うん」とうなずいて実践していただけるよう実例をうんと交えて紹介しました。

本書には、亮さんとぼくのうんちくが、うんと詰まっています。

高島亮さんとはじめてお会いしたのは2003年。東京・品川で行われていたとある勉強会で、隣同士の席になったことがきっかけです。

飄々《ひょうひょう》とした佇《たたず》まいながら凛とした強さがあり、それでいて超ゆるい！　というのが第一印象で、以来そのゆるさはますます進化を続け、今に至っています（笑）。

第16条で紹介した「としこさん（とらわれない、しばられない、こだわらない）」を体現している亮さんと、このたび本書をご一緒できたことは、本当にうれしく、まさに「運ばれている」ご縁の賜物のおかげと感謝の気持ちでいっぱいです。

高島亮さん、楽しい執筆をご一緒いただきありがとうございました。

ご縁のありがたさは、縦の糸と横の糸に、形容されるかもしれません。

縦の糸はあなたで、横の糸は私で、織りなす布は、いつか誰かを、あたためーうーるーかーもーしれなーいー……うーん、名曲です。

本書が、誰かをあたためうる布のようなご縁となりましたら幸いです。

出版にあたりまして、ご尽力いただきましたワニ・プラスの佐藤俊彦社長、宮﨑洋一さん、関係各位にこころより感謝申し上げます。

家族とスタッフの皆さん、いつも本当にありがとう！

そして、あなたとの貴重なご縁に、こころからの感謝を込めて。

２０２４年３月

鳴海周平

高島 亮

たかしま りょう

かたりすと・正観塾師範代

新潟県生まれ。
東京大学卒業後、大手化学メーカー、出版社勤務を経て、
株式会社ぷれし～どを設立、代表取締役になる。
小林正観さんの教えを伝える「正観塾」師範代としても活動。
講演会や講座の主催、自らの執筆や講演活動を通じて、
「毎日が楽に楽しく豊かになる」きっかけやヒントを提供している。
著書に『「おまかせ」で今を生きる』(廣済堂出版)などがある。

鳴海周平

なるみ しゅうへい

健幸エッセイスト、エヌ・ピュア代表

心身を癒す「自然の摂理にかなった商品」の開発・普及に
あたる傍ら、健幸エッセイスト、ヒーラーとしても、
こころとからだの健幸情報をラジオ番組やブログ、
講演、著作などで発信している。
主な著書に『医者いらずになる「1分間健康法」』
『1分間養生訓』(共に帯津良一氏との共著、ワニ・プラス)、
『1分間ヒーリング』(徳間書店)などがある。

「運」のミカタ
運と仲良くなれる17の習慣、教えます

著　者　　高島 亮 × 鳴海周平

2024年4月10日　初版発行
2024年5月10日　2刷発行

発行者　佐藤俊彦
発行所　株式会社ワニ・プラス
〒150-8482
東京都渋谷区恵比寿4-4-9　えびす大黒ビル7F
発売元　株式会社ワニブックス
〒150-8482
東京都渋谷区恵比寿4-4-9　えびす大黒ビル

ブックデザイン　八田さつき
イラストレーション　鈴木順幸
DTP　小田光美

印刷・製本所　中央精版印刷株式会社

ISBN 978-4-8470-7424-0